UNIVERSITY OF NORTH CAROLINA
STUDIES IN THE ROMANCE LANGUAGES AND LITERATURES
Number 106

OBJECTIVE METHODS FOR TESTING
AUTHENTICITY AND THE STUDY OF TEN
DOUBTFUL *COMEDIAS* ATTRIBUTED TO
LOPE DE VEGA

OBJECTIVE METHODS FOR TESTING AUTHENTICITY AND THE STUDY OF TEN DOUBTFUL *COMEDIAS* ATTRIBUTED TO LOPE DE VEGA

BY

FRED M. CLARK

CHAPEL HILL
THE UNIVERSITY OF NORTH CAROLINA PRESS

DEPÓSITO LEGAL: V. 3.395 - 1971

ARTES GRÁFICAS SOLER, S. A. - JÁVEA, 28 - VALENCIA (8) - 1971

*To the late
Professor Hélcio Martins*

ACKNOWLEDGMENTS

The author wishes to express his gratitude to Professor Francis Hayes under whose direction this work was originally written, to the Department of Romance Languages and Literature of the University of Florida for making research funds available, and to Mr. Millard Quillian for his aid in the final preparation of the manuscript. Publication of this work was made possible by a generous grant from the University Research Council of the University of North Carolina at Chapel Hill.

CONTENTS

	Pages
ACKNOWLEDGMENTS	9
INTRODUCTION	13
THE COMEDIAS:	
Alejandro el segundo	31
Los contrarios de amor	42
El prodigioso príncipe transilvano	59
Santo Angelo	81
El rey fingido y amores de Sancha	92
El rey por trueque	120
El toledano vengado	131
El valiente Juan de Heredia	145
La venganza piadosa	157
Bernardo del Carpio	169
CONCLUSIONS	177
BIBLIOGRAPHY	183

INTRODUCTION

One of the most important contributions of Spain's Golden Age to the development of the literature of the country was the foundation of a national drama with the *comedia nueva* as established by Lope de Vega and the group of playwrights which centered around him and followed his lead. Literally hundreds of plays have been inherited in manuscript form and early publications from the age. Among these there are dozens for which no author is known, and there are many more which are attributed falsely to known dramatists of the period. The question of authorship and authenticity of authorship of these *comedias* has long provided a fertile field of investigation and a constant source of debate among scholars, critics and literary historians.

The question of authorship of plays of doubtful authenticity results from a number of conditions and practices which existed during the Golden Age. Among these one scholar has listed the three major ones as "1.) the lack of copyright protection, 2.) the practice by which a publisher assigned the name of a famous playwright to a play of a lesser known writer in order to increase or guarantee sales, and 3.) the fact that two or three authors at times collaborated in the composition of a play."[1]

The lack of copyright protection made it possible for the *autor de comedias* to attribute plays of minor playwrights to major figures in order to make a sale, or for playwrights to take a play of a known author, rewrite it partially and then take the credit for composition and the profit from the sale to a publisher or

---

[1] Walter Poesse, *The Internal Line-Structure of Thirty Autograph Plays of Lope de Vega* (Bloomington, Ind., 1949), 11, n. 1.

manager of an acting company. A study of a long-neglected area concerning the *comedia* which was recently done by Sturgis E. Leavitt supports this possibility. This is the commercial aspect of the *comedia*, the fact that it often provided a livelihood for writers. The plays were "saleable items ... a source of quick money ... a means of getting cash to buy groceries with, to pay the rent, to keep the wolf from the vestibule." [2]

To these reasons for the confusion of authorship may be added the fact that once a *comedia* was sold it passed through a number of hands and suffered many changes before it finally reached the printed page or the manuscript form in which it may be preserved today. The printed form of the play based on manuscripts which had been used by companies for performances could have been changed and rewritten so many times that it no longer could be justly attributed to the original author. At the same time it could have gone through a number of attributions. Leavitt explains the process:

> Just what happened to a *comedia* after it passed into the hands of the manager of a company is not known, but we can make a few reasonable conjectures. The manager had to submit it to a censor, if he had not already done so before buying it. The censor might object to some of the lines and insist on deleting them. The manager, no doubt, modified the manuscript to make an acting copy, changing and omitting lines as he pleased. It was, after all, his property. It would be passed from hand to hand among the members of the company, and somebody would copy off parts. It would be stored away, probably without great concern. when not needed, and carried around on tour. After a while, it would be in pretty bad shape, 'manoseado,' as Cervantes would say. [3]

That these practices were common in the late sixteenth and seventeenth centuries is evinced in the literature itself where complaints by the major writers are constantly noted. In Book II of the *Quijote*, in an exchange of words between Don Quijote and

---

[2] "Spanish *Comedias* as Pot Boilers," *Publications of the Modern Language Association of America*, LXXXII (May, 1967), 178.
[3] *Ibid.*, p. 184.

a musician, the musician aptly describes the situation when he says that "entre los intonsos poetas de nuestra edad se usa que cada uno escriba como quisiere, y hurte de quien quisiere, venga o no venga a pelo de su intento...." [4]

In the prologue of *La Dorotea*, entitled "Al Theatro," there is the following complaint against spurious editions of plays attributed to Lope de Vega:

> También ha obligado a Lope a dar a la luz pública esta fábula el ver la libertad con que los libreros de Sevilla, Cádiz y otros lugares del Andaluzia, con la capa de que se imprimen en Zaragoza y Barcelona, y poniendo los nombres de aquellos impresores, sacan diuersos tomos en el suyo, poniendo en ellos comedias de hombres ignorantes que el jamás vió ni imaginó, que es harta lástima y poca conciencia quitarle la opinión con desatinos. [5]

Rennert says that the spurious editions to which the author refers are in particular "*Parte XXII* (Zaragoza, 1630); perhaps the *Doze comedias nuevas de Lope de Vega y otros autores, segunda parte* (Barcelona, 1630); *Parte XXIV* (Zaragoza, 1632), and perhaps also a *Parte XXVI* (1632-3). Most of the *comedias* contained in these volumes were originally written by Lope, but often appear here in very corrupt form; the lists show that several were written by other poets (sometimes of distinction), but issued under the name of the great *Fenix*, with the object of exploiting his popularity among the theatre-going public." [6] The interesting point of this prologue is that it carries the name López de Aguilar. Menéndez y Pelayo, however, has shown that Lope wrote the prologue himself and signed a friend's name to it. [7]

---

[4] Miguel de Cervantes Saavedra, *Don Quijote de la Mancha*, ed. Martín Riquer (New York, 1958), p. 1045 (Part II, chpt. LXX).
[5] Lope Félix de Vega Carpio, *La Dorotea*, ed. Edwin S. Morby (Berkeley and Los Angeles, 1958), p. 48.
[6] Hugo A. Rennert, *The Life of Lope de Vega* (New York, 1937), p. 344.
[7] S. Griswold Morley, "The Pseudonyms and Literary Disguises of Lope de Vega," *Univ. of California Publ. in Modern Philology*, XXXIII, No. 5, 479. Morley is basing his statement on Menéndez y Pelayo: "Menéndez y Pelayo stated that Lope really wrote it himself: 'He visto el borrador autógrafo de su letra.' His statement has recently been confirmed by Joaquín de Entrambasaguas who has rediscovered the long-lost *Códice de borradores* and intends to publish it."

That Lope was aware of *comedias* being wrongly attributed to him is noted even earlier "en el *Peregrino*, prólogo compuesto en 1603, xvii-xviii: 'Ahora han salido algunas comedias que, impresas en Castilla, dicen que en Lisboa...; no crean que aquellas son mis comedias, aunque tengan mi nombre." [8]

As a result of these practices it is difficult to establish a definitive canon of the *comedias* of the playwrights of the Golden Age. With such a figure as Lope de Vega (1562-1635) the task of establishing how many plays he wrote and how many of the plays attributed to him are really his is extremely difficult. Lope himself was not even certain of the number of *comedias* he could claim. In his *Eglola a Claudio* (published posthumously in 1637) he boasts of having written fifteen hundred:

> Pero si agora el número infinito
> De las fábulas cómicas intento,
> Dirás que es fingimiento
> Tanto papel escrito,
> Tantas imitaciones, tantas flores
> Vestidas de retóricos colores.
> Mil y quinientas fábulas admira;
> Que la mayor el número parece;
> Verdad que desmerece
> Por parecer mentira,
> Pues mas de ciento, en horas veinticuatro,
> Pasaron de las musas al teatro. [9]

Montalván, Lope's biographer, claims eighteen hundred *comedias* and more than four hundred *autos sacramentales* for the playwright in the *Fama póstuma* (1636):

---

[8] Morby, p. 48, n. 18. The confusion over the paternity of Spanish plays spread abroad rapidly. One of Lope's most distinguished foreign contemporaries, Pierre Corneille, wrongly attributed *La verdad sospechosa* to Lope. Speaking of his *Le Menteur*, the French playwright said: 'je n'ai osé descendre de si haut sans m'assurer d'un guide, et me suis laissé conduire au fameux Lope de Vega...' Corneille later attempted to rectify his error: 'On l'a attribué au fameux Lope de Végue; mais il m'est tombé depuis peu entre les mains un volumen de don Juan d'Alarcon, où il prétend que cette comédie est à lui, et se plaint des imprimeurs qui l'ont fait courir sous le nom d'un autre.' *Oeuvres de P. Corneille* (Paris, 1862), vol. IV, pp. 131, 137.

[9] Lope de Vega, *Vega del Parnaso, Parte I, Biblioteca de autores españoles*, XXXVIII, ed. don Cayetano Rosell (Madrid, 1872), 434a.

INTRODUCTION

Las comedias representadas llegan a mil y ochocientas,
Los Autos Sacramentales passan de quatrocientos. [10]

In an evaluation of these and other such exaggerated claims by writers of the period, Morley and Bruerton discuss the validity of Montalván's statement and come to the conclusion that "If Montalván suppressed and altered facts in order to shield his hero's reputation, he would assuredly transform them to enhance it. He belonged to an age when there was no sharp dividing line between history and tradition; when, in political narrative as well as in holy legend, traditional accretions due to imaginative and credulous writers were treated with the same respect as facts. We consider it certain that Montalván raised his figures as high as he dared without exposing himself to mockery." [11] Although Lope's figure was not quite as high as his biographer's, his statement seems equally dubious. These two scholars pardon him with the observation that "Lope, in fact, is just as worthy of belief as one would expect a marvelously fertile creative genius to be — neither more nor less. Imagination was the essence of his character; for him a wish was a fact." [12] Disregarding the various claims and boasts and relying on more dependable documentary evidence Morley and Bruerton feel that "800 plays would be a generous allowance for Lope's total dramatic production." [13]

Neither Montalván nor Lope lists specific titles of plays to support his claim. Lope, however, did compile two lists of his *comedias*. These lists appeared in the two editions of his novel *El peregrino en su patria* (1604 and 1618). The first edition contained a listing of two hundred and nineteen titles, and the second edition listed two hundred and thirty more. There are some repetitions among those of the 1618 edition. Of the two hundred and thirty additional titles only two hundred and ten are new titles. [14]

---

[10] Quoted in S. Griswold Morley and Courtney Bruerton, "How Many *Comedias* did Lope de Vega Write?" *Hispania*, XIX (1936), 222.
[11] *Ibid.*, p. 225.
[12] *Ibid.*, p. 227.
[13] *Ibid.*, p. 232.
[14] S. Griswold Morley, "Lope de Vega's *Peregrino* Lists," *Univ. of California Publ. in Modern Philology*, XIV, No. 5 (1930), 365. The two lists are referred to usually as P and P².

The actual number of plays which Lope claimed by title is four hundred and twenty-nine.

In their analysis of the versification of Lope's *comedias*, Morley and Bruerton in 1940 listed three hundred and fourteen authentic plays and one hundred and eighty as being of doubtful authenticity.[15] J. H. Arjona, in discussing critical research needed in Lopean studies, considers that "one of the most important problems yet to be solved in the study of Lope de Vega's *comedias* is that of determining the authenticity of many of the plays attributed to him."[16] If there is ever to be a more precise canon of the works of Lope than now exists, these doubtful plays must be studied and subjected to further tests of authenticity. A project such as the one the Spanish scholar Entrambasaguas plans — *Obras completas* —[17] is an impossibility until further work in authenticity is accomplished. "The fundamental conception of his [Lope's] manner of creation"[18] for which Schevill calls is equally difficult until the authenticity of many plays is established or disproven.

The well-known admission of Lope that he was a crowdpleaser explains why some of the authentic plays are of poor artistic quality:

> Y escribo por el arte que inventaron
> Los que el vulgar aplauso pretendieron;
> Porque, como las paga el vulgo, es justo
> Hablarle en necio para darle gusto.[19]

Many plays which may be justly labeled as "potboilers," therefore, are attributed to Lope, and could possibly be his, but most likely

---

[15] These figures taken from W. L. Fichter's review of *The Chronology of Lope de Vega's Comedias* by S. G. Morley and Courtney Bruerton, *Romanic Review*, XXXIII (1942), 203.

[16] J. H. Arjona, "Ten Plays Attributed to Lope de Vega," *Hispanic Review*, XXVIII (1960), 319.

[17] Cf. Joaquín de Entrambasaguas, "Proyecto de una edición de las *Obras completas* de Lope de Vega," *Revista de bibliografía nacional*, V (1944), 197-229.

[18] Rudolph Schevill, *The Dramatic Art of Lope de Vega together with La dama boba* (Berkeley, 1918), p. 2.

[19] Lope de Vega, *Arte nuevo de hacer comedias en este tiempo dirigido a la Academia de Madrid, Bulletin of Spanish Studies Monograph Series*, reprints No. 2 (1935), 2.

the playwright is not responsible for all these attributions. Arjona considers "more pressing yet is the task of determining which plays that still pass for Lope's do not belong to him." [20] Unless the problem of these doubtful attributions is solved, many bad plays will continue to be accredited to Lope, and "his literary stature may suffer more from these false attributions than from the loss of any ordinary play written 'en horas veinticuatro.'" [21]

Until the early twentieth century the approach to the authenticity of doubtful *comedias* was principally a subjective one. Menéndez y Pelayo, in the editions of Lope's plays and plays attributed to Lope done for the *Academia*, wrote astute introductions with discussions of the authenticity of those doubtful plays. [22] When documentary evidence was lacking, however, he depended on his subjective impressions; in other instances his observations were quite objective, as in *El valor de Malta*, where he notes that the word *quies* for *quieres* "es forma vulgar inusitada en las obras de Lope." [23] Another objective observation was that "tampoco solía escribir Lope de Vega octavas de consonantes agudos." [24] Criteria based upon these observations of Lope's authentic works are valid in considering authenticity of doubtful plays attributed to him.

This subjectivism and dearth of objective criteria was more noticeable still in the *Academia* editions of Lope's plays when Cotarelo y Mori assumed editorship in 1916, [25] although Cotarelo y Mori and his editors, like Menéndez y Pelayo, approached the objective level in some instances dealing with authenticity. In at least two instances attention is paid to the internal structure of the verse. In *El esclavo fingido* he doubts Lope's authorship because of the "aspiración sistemática de la *h* en los casos en que suelen hacerlo los andaluces, pero no los castellanos y ni aun los poetas,

---

[20] Arjona, p. 320.

[21] *Ibid.*

[22] Lope de Vega, *Obras,* pub. por la Real Academia Española, ed. Menéndez y Pelayo (Madrid, 1890-1913), 15 vols.

[23] *Ibid.*, vol. XII, p. 283a, n. 1.

[24] *Ibid.*, p. 283b, n. 1.

[25] Lope de Vega, *Obras,* pub. por la Real Academia Española; nueva edición (Madrid, 1916-30), 13 vols. The two *Academia* series of Lope's plays will be referred to as *Acad.* and *Acad. N.* throughout this work.

no siendo forzados por la falta de sílabas en el verso." [26] In *La orden de redención y Virgen de los Remedios* he likewise rejects authenticity on the same basis of aspirate *h-* and adds to this criterion the false Andalusian rhymes which he considers not characteristic of Lope but of "los poetas del sur de España." [27] Cotarelo y Mori is not, however, specific in these cases. He does not distinguish between tonic or atonic position of the aspirate *h-*, nor does he always indicate when aspirate *h-* appears in the plays edited by him or under his supervisión. His attempts to point out the false rhymes are not always successful either for he misses many in the *Academia* texts. [28]

Cotarelo y Mori uses still another criterion of objectivity in *El esclavo fingido*. Here he scrutinizes the individual word and searches out archaic forms no longer used when Lope was at his height as a playwright. After rejecting this *comedia* as not being Lope's, or being a rewritten form of one of Lope's plays, Cotarelo y Mori declares: "En cuanto a la fecha, suponemos... que se compuso a fines del siglo XVI, por el empleo de ciertas formas verbales arcaicas o ya poco usadas en el siguiente, como las de dejá, por dejad; terná, por tendrá; cantá por cantad; entreterné, por entretendré; tené, por tened; porné, por pondré; mirá, por mirad; sabé, por sabed; levantá, por levantad; ficiera, por hiciera; hacé, por haced." [29]

---

[26] *Ibid.*, vol. V, xxi.

[27] *Ibid.*, vol. VIII, xiv. A false Andalusian rhyme involves confusion of the phonemes /θ/ and /s/. *Es* and *vez* used as rhyme words in the following *redondilla*, which requires consonantal rhyme, constitute an example of a false rhyme:

> Que me concedáis un don
> por quien sois os pido, y es,
> Hijo, que por esta vez
> alcancen de vos perdón.
> (*Santo Angelo*, Acad. N., I, 468a)

For a more complete treatment of this linguistic phenomenon see Rafael Lapesa, *Historia de la lengua española* (Madrid, 1959), pp. 246-47, 326; William G. Entwistle, *The Spanish Language* (London, 1936), pp. 216-20.

[28] Cf. J. H. Arjona: "False Andalusian Rhymes in Lope de Vega and their Bearing on the Authorship of Doubtful *Comedias*," *Hispanic Review*, XXIV (1956).

[29] *Acad. N.*, V, xxii.

INTRODUCTION 21

These instances of objectivity in determining authenticity are rare in the work of Menéndez y Pelayo and Cotarelo y Mori and his co-editors. They are helpful, however, and can now be employed with other objective criteria when there is no documentary evidence available to establish or disprove authorship of *comedias*. In general, subjective impressions were the rule in establishing authenticity in the preparation of the *Academia* texts, as was true with the publication of Lope's plays by the *Biblioteca de autores españoles* under Hartzenbusch, who often published the plays with any changes he wished to make. [30]

The fallibility of the subjective approach has been demonstrated by Morley in dealing with the two *comedias Don Juan de Austria en Flandes* and *El mérito en la templanza*:

> Concerning a play called *Don Juan de Austria en Flandes*, which exists only in a manuscript copy, Menéndez y Pelayo made the following remark: 'basta la prueba del estilo, que es enteramente suyo," to prove that Lope was the author. Yet document 132 of those published by Fr. de B. San Roman states definitely that the author was Alonso Remón. Another example: Chorley, the English specialist in Lope, considered *El mérito en la templanza* a feeble work, and could find in it no trace of Lope's hand; the editor of the new collection of Lope's plays, Sr. Cotarelo y Mori, declared, however, that 'esta linda comedia no pudo tener oto padre que el Fénix de los Ingenios.' In this case no document has appeared to settle the argument. [31]

In regard to the latter play, although no document has been discovered, objective tests based on the internal line-structure have shown it to be quite unlike Lope's in its composition. [32] Furthermore, Morley and Bruerton have also shown that it differs from Lope's usual practices on the basis of versification and reject it as

---

[30] Lope de Vega, *Comedias escogidas, Biblioteca de autores españoles* (Madrid, 1853-60), vols. 24, 34, 41, 42.

[31] S. G. Morley, "Objective Criteria for Judging Authorship and Chronology in the *Comedia*," *Hispanic Review*, V (1937), 281.

[32] W. L. Fichter, "Orthoepy as an Aid for Establishing a Canon of Lope de Vega's Authentic Plays," *Estudios hispánicos: Homenaje a Archer M. Huntington* (Wellesley, Mass., 1952), pp. 148-149.

being his.³³ The subjective approach to such questions lacks the scientific detachment of the objective in that it requires, as Professor Morley states, "that the critic penetrate the spirit of his subjects until he can put himself in their places, can substitute their thoughts for his own; a feat hard enough to accomplish with respect to living persons, whom we meet every day; and far more difficult with a dead name, whose personality is transmitted to us very likely chiefly through literary remains which may show only one side of the man's real nature. And the critic's own bias may be such as to warp all his decisions." ³⁴ Morley's concern to find objective means of determining authorship and authenticity of literary works is later limited to the Spanish *comedia*.

His proposals "to find purely objective criteria by which one mind may be distinguished from that of another" ³⁵ are set forth in two main divisions, both based on the most obvious and outstanding characteristic of the Spanish *comedias* of the *Siglo de Oro*: the fact that they are all written in verse. Hence objective criteria may be gathered through statistical investigation of the internal structure of the verse (dieresis, syneresis, hiatus, synalepha) and the strophes. ³⁶ Some seven years before this article appeared, S. G. Morley had already begun work with the internal structure of the verse in his "Ortología de cinco comedias autógrafas de Lope de Vega." ³⁷ Even earlier work in orthoepy had been done by Robles Dégano in his *Ortología clásica de la lengua castellana*. ³⁸ This work, as indispensable as it is in comparative orthoepy of the Spanish language, is as Poesse states, "designed primarily to establish definite rules of orthoepy and devoted particularly to those examples which illustrated what its author considered correct usage. Its value is somewhat lessened by the fact that non-critical and poorly edited texts [*Biblioteca de autores españoles*] were used..." ³⁹ So

---

³³ S. Griswold Morley and Courtney Bruerton, *The Chronology of Lope de Vega's Comedias* (London, 1940), p. 313.

³⁴ S. G. Morley, "The Detection of Personality in Literature," *Publications of the Modern Language Association of America*, XX (1905), 305-306.

³⁵ Morley, "Objective Criteria...," p. 281.

³⁶ *Ibid.*, p. 282.

³⁷ *Estudios eruditos in memoriam de Adolfo Bonilla y San Martín*, I (Madrid, 1927), 524-544.

³⁸ Madrid, 1905.

³⁹ Poesse, p. 12.

in 1940 Robles Dégano's work was superseded by a doctoral dissertation done by Walter Poesse and later extended into a monograph covering thirty autograph *comedias* of Lope.[40] Including the study done by Morley, of the thirty-six complete extant autographs of Lope,[41] thirty-four have been studied in detail for Lope's orthoepic practices.[42]

The validity of orthoepy as an objective means of determining the authenticity of plays attributed to Lope has been examined by Lopean scholars of distinction. Fichter, combining the results of Morley's and Poesse's studies, applied the orthoepic test to ten plays which had already been rejected on the basis of the strophic patterns by Morley and Bruerton in their *Chronology*. Fichter's conclusion is that "the probability is... that no one Lopean autograph would show as many irregularities as most of the doubtful plays here discussed."[43] The investigation of orthoepy as a means of certifying or rejecting *comedias* attributed to Lope is unquestionably one of the soundest methods used. Unlike Lope's versification patterns, which changed over the years as he continually experimented with new meters and combinations, "no change seems discernible in his orthoepic preferences."[44] Even so, a negative aspect of using orthoepy is that a play may resemble Lope's work in its orthoepic preferences, yet be the work of another dramatist.[45] Lope was a style-setter in the *comedia*, and since many

---

[40] *The Internal Line-Structure of Twenty-Seven Autograph Plays of Lope de Vega*, unpub. doct. diss. (Univ. of California, Berkeley, 1940). For the title of Poesse's monograph see note 1. All references in this thesis are to the monograph.

[41] These figures taken from J. H. Arjona, "Defective Rhymes...," p. 125.

[42] One play studied by Morley, *Sin secreto no hay amor*, is repeated in Poesse's study because Morley had not been able to use a photostat of the autographed manuscript; the edition he used (Rennert, *Publications of the Modern Language Association of America*, IX, 1894, 182-311) shows some variations from the autograph. Poesse, p. 14, n. 15.

[43] Fichter, "Orthoepy...," p. 152.

[44] Jack H. Parker and Arthur M. Fox, *Lope de Vega Studies: 1937-1962* (Toronto, 1966), p. 98.

[45] Fichter, "Orthoepy...," p. 152. Concerning the plays studied, Fichter concluded that "While some —notably *Los mártires de Madrid*, *El médico de su honra*, *El mérito en la templanza*, *Don Juan de Austria en Flandes*, and *La aldehuela*— are quite unlike Lope in their orthoepy, a few others —*Los milagros del desprecio*, *El mayor prodigio* and *La creación del mundo*— might, judged solely by their orthoepy pass for Lopean works."

playwrights followed his lead in versification patterns, many probably also followed his orthoepic practices. Orthoepy may be employed to build up evidence against Lope's authorship, now that we are well acquainted with his orthoepy in his authentic plays, but attribution of the rejected play to another playwright is still an unresolved problem, and so will remain until the orthoepy of more playwrights of the age is studied, and comparative work can be realized.

There have been some studies done of the leading playwrights of the age, but these are neither conclusive nor extensive enough. Gerald E. Wade has done a study of the orthoepy of Tirso de Molina's two extant holographic *comedias*, *Sancta Juanna*, parts I and III. Following the pattern established by Professor Morley's study of the five Lope autographs, Wade concludes each section with general comments comparing Tirso and Lope's preferences. [46] The following year the same scholar did a similar study of the four extant holographs of Vélez de Guevara: *El águila del agua, La serrana de la Vera, El rey en su imaginación,* and *El conde don Pero Vélez y don Sancho el Deseado*. Using the same methods as in the former article, Wade studies the orthoepy of Vélez de Guevara and makes comparisons with that of Tirso de Molina and Lope de Vega. [47] A study of the orthoepy of certain words in the plays of Guillén de Castro has been done by William E. Wilson. [48] Arjona, although he considers Wilson's facts "too meager to justify his conclusions, and his interpretation of these facts... not always judicious or correct," [49] nevertheless employs the results of Wilson's study to examine two plays attributed to both Lope and Guillén de Castro. Comparing the orthoepy, he states that he feels "justified in attributing *Donde no está su dueño, está su duelo* to Guillén de Castro rather than to Lope de Vega." [50] The

---

[46] "The Orthoepy of the Holographic *Comedias* of Tirso de Molina," *Publications of the Modern Language Association of America*, LV (1940), 93-1, 009.

[47] "The Orthoepy of the Holographic *Comedias* of Vélez de Guevara," *Hispanic Review*, IX (1941), 459-481.

[48] "The Orthoepy of Certain Words in the Plays of Guillén de Castro," *Hispanic Review*, XXI (1953), 146-150.

[49] J. H. Arjona, "Two Plays Attributed to Lope de Vega and Guillén de Castro," *Hispanic Review*, XXXIII (1965), 389.

[50] *Ibid.*, p. 392.

orthoepy of *El cerco de Tremén*, also attributed to both playwrights, resembles more that of Lope than of Guillén de Castro.[51]

Another system devised by Morley for objective criteria —the study of Lope's strophic patterns— was utilized in a study done by himself and Courtney Bruerton, *The Chronology of Lope de Vega's Plays*, published in 1940.[52] Study of Lope's preferences for certain strophes at given periods of his career as an aid for dating undated plays had already been begun in 1922 by Milton A. Buchanan in his *The Chronology of Lope de Vega's Plays*.[53] The Morley and Bruerton *Chronology* expanded Buchanan's work to include many more dramas and a section dealing with *comedias* which the two scholars rejected as authentic Lope plays because the strophic patterns differed greatly from those of plays which could be definitely authenticated. The basis of the Morley-Bruerton work, as Fichter explains in his review, is "the strophic versification of 179 authentic plays already dated by internal or external evidence."[54] The work demonstrates that Lope's preference for certain strophic patterns varied throughout his career. As was stated above, the *Chronology* lists three hundred and fourteen authentic plays and one hundred and eighty doubtful plays.[55]

The validity of the Morley-Bruerton statistical method was put to a test when Amezúa published his account of the discovery of thirty-two manuscript copies of Lopean autographs which were made by Ignacio de Gálvez in 1762 in the Sessa archives.[56] Among many reasons explaining the importance of this discovery, one is that it demonstrates the accuracy of dates of composition provided by Morley and Bruerton on the basis of versification:

> It [the discovery of the thirty-two manuscripts] provides the place and exact date of composition of thirty-one

---

[51] *Ibid.*, pp. 393-394.
[52] Morley and Bruerton, *Chronology*. Also see their "Addenda to the Chronology of Lope de Vega's Comedias," *Hispanic Review*, XV (1947), 49-71.
[53] *University of Toronto Studies: Philological Series*, No. 6 (Toronto, 1922).
[54] W. L. Fichter's review *Romanic Review*, XXXIII (1942), 203.
[55] *Ibid.*
[56] Agustín González de Amezúa, *Una colección manuscrita y desconocida de comedias de Lope de Vega* (Madrid, 1945). Also in *Opúsculos histórico-literarios*, II (Madrid, 1951), 364-417.

of the plays, of which sixteen were undated, and in almost every case the date in the manuscript copy coincides with the one proposed by the M.-B. *Chronology* (1940).[57]

That the dates of these authentic plays correspond with Morley and Bruerton's dates emphasizes even more the validity of the use of versification patterns as a means of dating and of determining authenticity of doubtful *comedias*.

Another possible method for determining the authenticity of doubtful *comedias* through statistical study of versification has been suggested, but not tested, by Diego Marín. After a study of the "use and function of metrical forms from a qualitative point of view"[58] in twenty-seven authenticated plays from the representative periods of the playwright's career, Marín concluded that Lope preferred certain verse forms for particular dramatic situations and emotions. His study, however, is not as inclusive nor concrete as the Morley-Bruerton *Chronology*, and he himself admits that "no absolutely valid results can be obtained without a complete survey of all the plays..."[59]

One element of the versification of the *comedia* long neglected except for occasional remarks about it by the *Academia* editors and Rennert,[60] has received considerable study and attention from J. H. Arjona. In "The Use of Autorhymes in the XVIIth Century Comedia,"[61] Arjona discovered objective criteria concerning rhyming practices which may be useful in tests of authenticity. In this study, he found that the maximum number of autorhymes used in any authentic or autograph Lope text is sixty-four. Only one

---

[57] Parker and Fox, p. 81. See also Joseph H. Silverman, "La cronología del teatro de Lope," *Insula*, XII, No. 126 (1957), 5.

[58] "On the Dramatic Function of Versification in Lope de Vega," *The Theatre Annual*, XIX (1962), 27. This article is a preview of a monograph published later: *Uso y función de la versificación dramática en Lope de Vega*, Estudios de Hispanófila, No. 2 (Valencia, 1962).

[59] *Ibid.*, p. 29.

[60] Cf. Hugo A. Rennert's review of *Acad. N.*, I, in *Modern Language Notes*, XIII (1918), 117, where he discusses the versification of *El rey fingido y amores de Sancha*.

[61] *Hispanic Review*, XXI (1953), 273-301. Arjona uses the term autorhyme rather than "identical rhyme" because "the latter may suggest identity of meaning as well as in form, and ... this is seldom the case." (273, n. 1)

authentic *comedia* is completely free of this type of rhyme. [62] In subsequent articles, Arjona is more specific in explaining that Lope never employed the following words as autorhymes: *acude, comida, cura, debo, encierra, esos, esposa, hablalla, hablando, hizo, libro, miedo, muertos, mundo, parde, parta, responde, ronda, sabe, sena, temo, tiento*; [63] *carnes, corto, dicho, escarpia, grande, hay, huelgo, mismo, palabra, pleito, pregunta, purga, quiere, rostro, salvo, solo, tener, toque, vuelta*; [64] *defienda, defiende, defiendo, puso.* [65]

A study of the rhyme imperfections in Lope's autograph *comedias*, done by Arjona in 1955, reveals additional criteria for judging plays of doubtful attribution. [66] Two categories of imperfections discussed in this article later became the subject of individual studies: the use of consonantal rhyme for assonantal rhyme in *romance* passages, and the use of false Andalusian rhymes. One imperfection in the rhyme techniques which the critic found very rarely in Lope's authentic plays is the intermingling of consonance and assonance in the same stanza, such as in the following *redondilla*:

> Este es Guillermo? Sí, él es.
> Ay, Dios! Si le hablaré.
> Mi amigo fué, y preso fué
> el que me libró después. [67]

This defective rhyme pattern Arjona found definitely "objectionable according to all preceptists," [68] and in Lope's autograph plays "twenty-one of the plays... are entirely free of this defect. It does not appear more than twice in any of the remaining authentic texts." [69]

---

[62] *Ibid.*, p. 301. Here Arjona also specifies one autorhyme which is never found in authentic Lope material: *caballo, a caballo*.
[63] "Did Lope de Vega Write the Extant 'El príncipe melancólico'?" *Hispanic Review*, XXIV (1753), 45.
[64] "Did Lope de Vega Write 'El lacayo fingido'?" *Studies in Philology*, LI (1954), 42-43.
[65] "False Andalusian Rhymes ...," p. 293.
[66] "Defective Rhymes...."
[67] *Acad. N.*, I, 611b-612a.
[68] "Did Lope ... 'El acayo fingido'," p. 44, n. 13.
[69] "Defective Rhymes ...," p. 127.

False Andalusian rhymes were noted by the editors of the *Academia* editions, but no systematic study of Lope's autographs was attempted to see if the poet ever employed them. The confusion of the two phonemes /θ/ and /s/ was quite common in Andalusia but not in Madrid.[70] A study of Lope's autograph material done by Arjona revealed no examples of these false rhymes.[71] In a subsequent study seventeen reliable manuscript copies of authentic Lope plays (some from the Amezúa discovery) were included to reinforce the scholar's theory that Lope never confused these phonemes in his rhyme words. The critic found "that not one of the rhyming errors found in these seventeen plays consists of the use of false Andalusian rhymes..." and concludes that "the addition of these plays to those previously studied [the autographs] increases our sample to fifty-one reliable texts entirely free of Andalusianisms and expands its chronological range by three more years, thus covering an even greater span of Lope's literary career. In view of these facts it would seem logical to assume that any play attributed to Lope de Vega that contains false Andalusian rhymes is not his or that its text has been altered."[72]

One last aspect of Lope's rhyming habits was studied by J. H. Arjona. This involves the use of consonantal rhyme in *romance* passages. Basing his study on all the complete and partial autograph plays, he tabulated the number of consonantal rhymes in the total number of *romance* lines and found that the highest percentage ratio of any of these was 2.4 in *Lo que pasa en una tarde*. He also found that Lope rarely used autorhymes in *romance*, and he rarely used verb forms that could easily be rhymed, such as the past participle.[73] The validity of this as an objective criterion in judging authorship of doubtful *comedias* was tested by the same critic using all the available doubtful plays. On the basis of comparison of the defect found in authentic plays with that of doubtful plays, Arjona found that the use of consonantal rhyme in *romance*

---

[70] See Entwistle, pp. 216-20 and Lapesa, pp. 246-47, 326.
[71] Arjona, "Defective Rhymes ...." p. 127.
[72] Arjona, "False Andalusian Rhymes ...," p. 291.
[73] "Improper Use of Consonantal Rhyme in Lope de Vega and its Significance Concerning the Authorship of Doubtful Plays," *Hispanófila*, No. 16 (1962), 14.

INTRODUCTION 29

passages "can be safely used as basis for a norm to judge the doubtful plays attributed to him [*Lope*]." [74]

Other objective aids not necessarily having to do with the orthoepy or the strophic patterns of the *comedia* have been found. In addition to the popular and antiquated forms of words indicated by Menéndez y Pelayo and Cotarelo y Mori, Fichter has added that *do* for *donde* is not typical of Lope:

> As an example of how even a single word may be of value for testing authenticity, I may mention that, having come across *do* for *donde* numerous times in some of the doubtful plays, I was curious to see what use Lope made of the word. A check of 15 of his autograph plays had rather surprising results. In spite of the common occurrence of the word in Lope's day, both in prose and in verse, *do* appears in only two of the autographs examined, whereas *donde* is used in all of them, being the form regularly preferred by Lope; the two exceptional cases of *do* are (1) in *La dama boba*, in a song with the refrain 'De dó viene, de dó viene? Viene de Panamá' (vv 2141ff.) and (2) in *La prueba de los amigos*, in the phrase 'De dó bueno?' (v. 2279). Doubtless a few other examples might be found in the remaining autographs, just as there is an occasional example in the *Partes* or other printed texts of Lopean plays. However, all the evidence gathered so far indicates that Lope used the word most sparingly — much more so than some of his contemporaries — so that when we find as many as 20 cases of *do in Los mártires de Madrid* and 14 in *Don Juan de Austria en Flandes*, this fact in itself may well cause us to view with doubt the attribution of these plays to Lope. [75]

Other individual words which seldom or never are found in Lope's authentic plays include the antiquated forms *vido* and *vide* for *vio* and *vi*; *infelice*, *felice*, and related forms with the paragogic -e; and *asina*. [78]

---

[74] *Ibid.*
[75] Fichter, "Orthoepy ...," pp. 152-153, n. 10.
[76] Arjona, "Ten Plays ...," p. 322.
[77] *Ibid.*, p. 323. "I have checked the available autograph material and seventeen of the plays supplemented by Amezúa in *Una colección manuscrita y desconocida de comedias de Lope de Vega Carpio* (Madrid, 1945) and found only two instances of the use of such paragogic forms: *felicemente* in *El poder en el discreto* and *infelize* in *El castigo sin venganza*."

Certain types of enjambement are so rare or nonexistent in authentic Lope material that they also may be used as objective criteria when dealing with doubtful *comedias*: unemphatic *no* preceding a verb form in the next verse;[79] the form *ha* as an auxiliary verb followed by the past participle in the following verse;[80] *que*, unemphatic;[81] *pues*, unaccented conjunction.[82]

The value of all the methods discussed is in the accumulation of non-Lopean elements gathered from an application of all the tests to a doubtful play. As Fichter noted in applying orthoepy to the plays included in his study "where both the versification and the orthoepy method indicate an author other than Lope, there is all the more likelihood that a play is not his".[83] If all objective criteria now established are applied to doubtful plays and point to a different author, this likelihood is even more increased.

The present work is a study of the orthoepy and rhyme patterns of ten plays attributed to Lope but classified as doubtful by Morley and Bruerton on the basis of versification. Other studies of these plays which have employed objective criteria will be utilized.

Subjective impressions will be noted as well as individual words and enjambements not typical of Lope. My purpose is to accumulate all the possible non-Lopean elements in the *comedias* in order to determine whether they provide sufficient evidence to warrant rejection of these plays as being by Lope and thus contribute in a small way to the establishment of a canon of Lope's *comedias*. For this the *Academia* texts corrected from the manuscript copy or early printed forms of the plays when available, from the Biblioteca Nacional and the Biblioteca de Palacio in Madrid, will be employed. In some cases the *Academia* provides the only printed edition known of the plays, and in some cases there is only one other form of the play known to be extant. References from the *Academia* edition are noted on the right, and references to manuscripts are in the footnotes.

---

[78] *Ibid.*, p. 330.
[79] Arjona, "Two Plays ...," p. 390.
[80] Arjona, "Ten Plays ...," p. 334.
[81] *Ibid.*
[82] Arjona, "Two Plays ...," p. 390.
[83] Fichter, "Orthoepy ...," pp. 152-153.

ALEJANDRO EL SEGUNDO *

Alejandro el segundo has survived in two manuscript copies: one in the *Biblioteca Nacional* in Madrid [1] and one in the *Biblioteca Palatina* of Parma. [2] The copy in Madrid is an autograph according to Durán, but Paz y Melia believes that "la letra ofrece diferencias con la de Lope. Sola la nota marginal de la última hoja de la primera jornada parece indudablemente de mano de Lope." [3] The only printed edition of the *comedia* is a modern one. [4]

Cotarelo y Mori declares that the *comedia* "es la misma que Lope declaró suya en la segunda lista (*Peregrino*) con el título de *La de Alejandro...* Y en cuanto a su autenticidad, es para nosotros, indudable, por su estilo, versificación y lenguaje." [5] Morley and Bruerton, on the basis of the versification, do not consider the play Lope's. [6] The possibility that the play is Lope's is even more doubtful after a study of the orthoepy and the rhyming practices. If the marginal note on the last page of Act I is Lope's, this does

---

* A modified version of this section appeared in *Romance Notes*, XI, No. 1, pp. 144-147.

[1] 58 hoj., 4, l. del s. XVII (D.)—16.071.(The D. indicates that the manuscript was in the library of Durán which the Biblioteca Nacional now possesses.)
Antonio Paz y Melia, *Catálogo de las piezas de teatro que se conservan en el departamento de manuscritos de la Biblioteca Nacional*, II, 2nd. ed. (Madrid, 1934-35), 14.

[2] For the variants of the Parma manuscript cf. Restori's notes in *Acad. N.*, III, 685-689. This manuscript has the ending verses of the *comedia* which are missing in the B. N. ms.

[3] Paz y Melia, p. 14.

[4] *Acad. N.*, I, ed. Emilio Cotarelo y Mori, xi-xii, and 585-624.

[5] *Ibid.*, xi-xii.

[6] Morley and Bruerton, *Chronology*, pp 252-253.

not necessarily indicate that the work is his. Possibly Lope was reading the manuscript of another playwright and made the addition. It is doubtful that Lope was reading a mutilated copy of one of his own plays and making corrections, or he would certainly have changed more verses which were not in keeping with his own practices.

In the internal line-structure of the verse Poesse notes that aspirate *h*- in an atonic position (initial h evolved from Latin f) had had enough force to prevent synalepha in Castile, but "Lope uses hiatus... but three times in the thirty autographs, all before forms of *hacer*. Hiatus before an aspirate h- and an unstressed vowel, as well as before an unstressed vowel alone, must therefore, be considered abnormal in Lope."[7] Morley's study of Lope's orthoepic preferences found that "en sílaba átona la h no impide nunca la sinalefa...."[8] This play contains many verses in which hiatus occurs before aspirate *h*-in an atonic syllable. In the following octosyllabic verses there are no other possibilities of hiatus within the verse except before atonic aspirate *h*-:

con tres o cuatro / heridos	(589b)
ventura / haberte / hallado	(600a)[9]
este / hidalgo que ves	(600a)
de todo punto? / Huyendo	(600b)
Hartos de / hacer estamos	(603a)
que viene gente. / Huír	(609a)
señor, si [le] puedo / hallar	(609b)[10]

---

[7] Poesse, pp. 76-77. J. H. Arjona, "Ten Plays ...," p. 320, n. 5, finds one more example of hiatus in the autograph *El cuerdo loco* (aut. Nov. 11, 1602) not included in Poesse's study.

[8] Morley, "Ortología ...," p. 538.

[9] Hiatus must occur either before *haberte* or *hallado*; in either place this would be non-Lopean. Throughout this work a dash will be used to indicate where hiatus must occur. In verses where hiatus may occur in a number of places, the verse must be read a number of times allowing each possibility. The following verse, for example, must be read in three different ways, allowing hiatus to occur in three different places:

El sello/es suyo. Que hazaña emprendo
El sello es suyo. Que/hazaña emprendo
El sello es suyo. Que hazaña/emprendo

A footnote will be used to indicate verses where hiatus must occur twice within the verse for the syllable count to be correct.

[10] *Le* is supplied by Cotarelo y Mori. The Parma MS. lacks this pronoun as does the B. N. MS. Cf. *Acad. N.*, III, 687b).

para buscar, he / hallado	(609b)
¡Ay, Dios! Si le / hablaré	(612a)
dejar al Rey me / hicieron	(612b)
merecer la / hermosura	(614a)[11]
y / hablándote suspira	(619a)

In these hendecasyllables the same occurs:

No / hallaréis, señor, otra ninguna	(604a)
de mí podréis creer que lo / hiciera	(606b)
lo que / hablado / habéis? ¿Que piensas? Muerto	(608a)[12]
Llegué pobre; / habléle; dióme armas	(622b)

In the following octosyllabic verses there must be aspirate *h*- in atonic position or hiatus occurs between two unstressed vowels elsewhere within the verse, or in the case of the last verse, between a final tonic and an initial atonic vowel: [13]

me / hallaron con la / infanta	(589b)
La / hidalguía / agradezco	(590b)
Solo / está; quiero / hablalle	(596b)
su remedio / en su / huída	(598b)
Que / aquí te vine / a / hallar	(613b)[14]
Y se / está / hundiendo / el mundo	(613b)
y / acabado [le] de / hallar	(619b)[15]
qué / hechizo tiene / en sí	(612b)

Aspiration of *h*- in an atonic position must occur in the following hendecasyllabic verses or equally non-Lopean hiatus occurs between two unstressed vowels or between a final vowel tonic and an initial vowel atonic: [16]

---

[11] This verse appears incorrectly in *Acad. N.*, I, and is correct in *Acad. N.*, II, 663b. The parma MS. has the verse as it stands corrected. (*Acad. N.*, III, 688a).

[12] Hiatus occurs either before *hablado* or *habéis*.

[13] Hiatus between two unstressed vowels, such as would occur if there were hiatus before *infanta*, is non-Lopean. Cf. Poesse, pp. 67, 73.

[14] Hiatus before or after intervocalic *a*, when the initial vowel of the following word is atonic, is not characteristic of Lope. Cf. Poesse, p. 79.

[15] Without the pronoun *le* supplied by the editor there would have to be hiatus before an unstressed vowel. Restori does not report the pronoun in the Parma MS. *Acad. N.*, III, 688.

[16] Cf. Poesse, PP. 67, 73.

que / Alejandro /huyó / y Rosaura vino	(605a)
o nos cueste la vida / o la / hacienda	(605b)
prometo de / hacello, si de / escudo	(608a)
que tiene / el mundo. Llámale. / Hidalgo	(611a)
El sello / es suyo. ¡Qué / hazaña / emprendo	(622b)

Poesse finds that "the words *a, ha, he,* and *oh* are ordinarily in synalepha with both the preceding and the following words ... there are no examples of hiatus when *he* or *oh* are intervocalic." [17] In the first four of these verses (octosyllabic) there is hiatus before *a* or *he* or there is aspiration of *h-* in an atonic position:

le volvió / a / hurtar el viento	(585b)
Ricardo, que me / he / holgado	(597b)
En extremo me / he / holgado	(613b)
los pies. ¿Así / he de / hablarte	(623a)
no / he de vencer a quien	(614a)

Hiatus before *ha* (*-s, -n*) is exceptional. Poesse finds only one example of hiatus before *ha* even when standing alone.[18] In the first of the following verses there must be hiatus before *ha* (hendecasyllabic). In the last four verses there must be hiatus before *ha* (*-s*) or aspiration of *h-* in atonic position, or in the fourth verse equally non-Lopean hiatus, occurs within the verse between two unstressed vowels (the last two verses are hendecasyllables):

que me / ha dejado ver este día	(591a)[19]
de / hombre te / has de vestir	(595a)[20]
Lo que por mí / has de / hacer	(613b)
esto se / ha de / hacer.) ¿Mas que / imagino?	(608a)
La merced, gran señor, que / has de / hacerme	(611a)

---

[17] *Ibid.,* p. 79.
[18] Cf. Poesse, pp. 69, 79, n. 28.
[19] The B. N. MS. has *aqueste* for *este* which would prevent hiatus before *ha* by adding an extra syllable to the verse. MS. fol. II, recto. In referring to MSS., if any page numbers existed in the MS., these have been employed for easy reference. If none existed my own numbers have been used counting each page as one and reference to *verso* or *recto* of this page.
[20] Lope rarely employs hiatus in the phrase *de hombres.* Cf. Poesse, pp. 54, 10, 70.

"*Hacia, harto,* and the Arabic *hasta* are always joined in synalepha...."[21] In the following there must be hiatus before *harto*:

> estaba con un caso / harto nuevo   (610a)
> No me / harto de velle, con haberme   (621a)

In this verse there must be hiatus before *hasta* or unusual hiatus occurs elsewhere:

> el águila / hasta / el suelo   (585b)

Other unusual hiatus accurs in the following hendecasyllables:

> bajo la / inocencia por descuido   (591a)[22]
> pase sin mi / azar la casa de / éste   (604a)[23]
> Válgame / el cielo! ¿Que miras? Digo (621a-b)
> por el vuestro no / es satisfacerme   (604a)

There are notable differences between Lope's treatment of the individual word and the treatment in this *comedia*. Poesse finds the word *real* a disyllable forty-five out of fifty times that it appears in the autographs.[24] It appears twice in this work as a monosyllable:

> la corona real su frente   (590a)
> vuestra real majestad? Decid: ¿qué causa (611a)

Lope's preference is azeuxis in the word *peor* where there are two strong vowels in tonic position.[25] This is not the case in the two following verses:

> mal quitada y peor tenida   (590b)
> Malo el reino, peor el rey   (593a)

---

[21] *Ibid.,* p. 77.
[22] Hiatus before the unstressed initial vowel of *inocencia* would be as non-Lopean as *descuido* with dieresis. Cf. Poesse, pp. 67, 45.
[23] Either hiatus before *azar* or *este* is possible but Lope would employ synalepha in both instances. Cf. Poesse, pp. 67, 70. The Parma MS. differs here with a verse which could pass for one of Lope's:
>   pase sin un azar la casa de este   (*Acad. N.,* III, 687b)

[24] Poesse, pp. 27, 29, 30.
[25] Cf. Poesse, pp. 28, 30. As Poesse notes (pp. 17-18), azeuxis is the normal separation of two strong vowels into two syllables.

Poseer with two strong vowels in tonic position should also have azeuxis.[26] In this verse it must contain syneresis for the syllable count to be correct:

>   atropellar sin poseer   (597a)

Poesse finds *ruido* always a trisyllable.[27] Morley reports twelve examples of trisyllabic *ruido* and one example of the word with diphthong.[28] In this verse it must be with diphthong:

>   que doquiera siento ruido   (596a)[29]

Mío appears thirty-five times as a bisyllable to one as a monosyllable in Lope's autographs.[30] It appears as a monosyllable here:

>   Alejandro mío! Señor   (597b)[31]

The use of the forms *vide* and *vido* for *vi* and *vio* is not found often in Lope's authentic *comedias*.[32] In this play there are four instances in which they are employed:

>   más fuego que vido Troya   (587a)
>   cuando se vido en la Corte   (587a)
>   vido a Alejandro muerto en su ribera   (607b)
>   le vide acuchillando unos ladrones   (610b)

The use of the form *infelice* is equally non-Lopean. The first example could be attributed to the copyist, but in the second the paragogic *-e* is needed for the assonance rhyme scheme in the *romance* passage:

---

[26] *Ibid.*, p. 30.
[27] *Ibid.*, p. 30.
[28] Morley, "Ortología...," p. 529.
[29] *Doquiera* in this verse is rare in authentic Lope material. Cf. Fichter, "Orthoepy...," pp. 152-153, n. 10.
[30] Cf. Poesse, pp. 36, 38.
[31] As will be noted later, however, this verse may be rewritten and *mío* will become a two-syllable word.
[32] Arjona, "Ten Plays...," p. 322.
[33] *Ibid.*, p. 323.

sin ser guiados de infelice estrella (606a)

como responde se mire,
que temo deste principio
alguna historia infelice. (619a)

The rhyme patterns of *Alejandro el segundo* offer more non-Lopean elements. Arjona's study of the use of consonantal rhyme in the *romance* passages of *Alejandro el segundo* indicates seven instances in four hundred and fifty-six lines.[34] The percentage ratio of this rhyme defect is slightly higher than the highest (2.4 in *Lo que pasa en una tarde*) ratio in the autograph *comedias*. In addition to the high ratio, there are two other non-Lopean characteristics in the *romance* passages. In one instance there are three consonantal rhymes used in succession. Arjona's study has shown that "Except for *El desdén vengado* and *La desdichada Estefanía* —there is no other authentic Lope text in which he used more than two successive consonantal rhymes in *romance*."[35] The consonantal rhymes used include many verb forms. Arjona found that Lope was "too facile and adroit a versifier to have to resort to such mediocrity."[36]

Arjona's study of these consonantal rhymes includes Restori's enmendations to the manuscript of the Biblioteca Nacional made from the Parma manuscript:[37]

que la pérdida pasada.
Enamoróse de ver,
el rey, la beldad cifrada (589b)

en la boca de un petardo;
soy caudillo de esta gente,
general de Feduardo (624b)

¡Oh, reino, qué me has costado!
Cuatro veces te he perdido
y otras tantas te he ganado. (624b)

Harta inquietud te ha costado.

---

[34] Arjona, "Improper Use of Consonantal...," p. 21.
[35] *Ibid.*, p. 14.
[36] *Ibid.*
[37] Cf. *Acad. N.*, III, 688-689.

Señor ya llegan los reyes.
Si los reyes han llegado   (624b)

Apartad.
          Presos llegamos
señor ynbicto a tus pies
y tu clemencia aguardamos.
Alçaos entrambos del suelo.
Estas son las llaves vamos   (III, 688b)

que miro cielo sagrado
que eres alexandro
                  si
que los cielos me an guardado   (III, 688b)

contento
          dadme la mano
que porfiar contra el cielo
no es posible
               padre hermano   (III, 689a)

There are three instances in which the poet employs both assonance and consonance in the same strophe, a defect which Lope avoided:[38]

(*Quintilla, -e*)
¿Cuál de mis halcones es
quien la derribó?
                El que ayer
puso la garza a tus pies.
Harásle el cuello torcer,
y enséñamele después.   (585b)

(*Quintilla, -e, -o*)
Hame espantado el suceso,
y tomar la joya quiero,
no en paga, que fuerá eceso
para quien soy; mas espero
ser testigo del proceso   (602b)

(*Redondilla, -e*)
Este es Guillermo? Sí, él es.
¡Ay, Dios! Si le / hablaré.
Mi amigo fué, y preso fué
el que me libró después   (611b-612a)[39]

---

[38] Cf. Arjona, "Defective Rhymes...," p. 127.
[39] This strophe is also marred by an aspirate *h-* in atonic position: *le/hablaré*.

The *comedia* contains fifty-eight autorhymes, which is high but does not exceed the maximum number employed by Lope in *Los Benavides*.[40] There is, however, one particular autorhyme in the play in an *octava* which is not found in Lope's autographs or other authentic *comedias*:[41]

>   Negómelo, no quiso, y meto mano,
>   y doile muerte, como veis; que intento
>   llevar la ropa yo.
>   (¡Cuento galano!
>   Todo parece que nos viene a cuento.)
>   Escuchadme.
>   (Mi mal es cierto y llano.
>   Que me han de conocer sospecho y siento.
>   Ayuda, cielo, aquí, que si hoy me *libro*
>   la fama escribe de mi vida un *libro*.   (607b-608a)

The following enjambements found in the *comedia* are not typical of Lope:

>   hija de una vasallo.
>   Pues
>   ¿es mujer de calidad?   (600b)[42]

>   Rosaura fué aquella que
>   entró contigo?
>   Ella fué.   (612b-613a)[43]

There are other defects in the play which are not indicated by its modern editor. These involve a missing rhyme or a verse with an extra syllabe. Many such instances exist in the manuscript copy and were corrected by Cotarelo y Mori, but a few were missed. These are not, however, necessarily non-Lopean. In his autographs he is guilty of such defects, but these are not excessive.[44]

The following *redondilla* could be rewritten with a correct rhyme scheme:

---

[40] Cf. Arjona, "Autorhymes...," p. 301.
[41] Cf. Arjona, "Did Lope... El príncipe melancólico," p. 45.
[42] Cf. Arjona, "Ten Plays...," p. 334.
[43] *Ibid.*
[44] Cf. Arjona, "Defective Rhymes...," pp. 125-128.

40 OBJECTIVE METHODS FOR TESTING AUTHENTICITY...

   Por seguir un desvarío.
   ¿Puedo hablar al Rey?
        Di quién
eres.
    Quien perdió su bien.
   ¡Alejandro mío!
       Señor   (597b)

The last verse could read:

  CÉSAR. Señor.
  ROSAURA.   Alejandro mío.
  CÉSAR. Pues cómo? Hirióte el traidor

This would also make the word *mío* a bisyllable rather than a monosyllable. In the following two *octavas* there are defective rhymes. The rhyme scheme should be ABABABCC:

Válame Dios! ¿qué tratan?: ya adivino	A
lo que pueden tratar.)	
(Cuando eso fuera,	B
esto se ha de hacer.)	
Mas ¿que imagino	A
lo que hablado habéis?	
¿Qué piensas?	
Muerto	?
como el que muerto mide ese camino,	A
si no trazáis mi fin de la manera	B
que yo se la he trazado al que en el suelo	C
está tendido.	
No has errado un pelo.	C (608a)
Vuestro término obliga a no ofenderos.	A
¿Dónde vivís?	
En ese monte vivo,	B
con otros diez o doce carboneros.	A
A darle alguna cosa me apercibo.	B
¿Que le dais?	
Cien escudos.	
¡Caballero!	?
No los he de tomar.	
¡Villano altivo!	B
Tomad, quedad con Dios. Vamos, que es tarde.	C
¡Venturosa ocasión, el cielo os guarde!	C (608a-b)

In these *silvas*, which should be in rhymed pairs, there is a verse missing:

que los brazos espero
que a tantos fueron, de templado acero,
rendidos, a los míos.
... ...
Vuestros son estos brazos.
Eternos vivan tan dichosos lazos. (617a)

The following verse is one syllable too long:

no lo será de otro si la guarda el César? (609b)

The numerous examples of aspirate *h*- in an atonic syllable and the following examples in which the final *-d* of the imperative is dropped for the syllable count or the rhyme scheme of the verse tend to point to an author of Andalusian origin rather than to Lope: [45]

    Apenas suelta la vi,
    cuando dijo: Caballero,
    si a Escocia vais, le decí
    al rey Filipo que muero
    la muerte que veis aquí. (602a)

    No reina el águila? Sí.
    ¿No es el que la mató aquí
    súbdito suyo?
            ¿Pues no?
    Pues ansí interpreto yo
    el agüero.
        Empieza.
               Oí. (586b) [46]

Dadnos un jarro de agua.
                Entrá a bebella (605b)

Salí allá fuera. ¡Ah, Señor! (612a) [47]

---

[45] Cf. Arjona's conclusion of *El lacayo fingido* ("Did Lope... *El lacayo fingido*," p. 52) and Cotarelo y Mori's conclusion concerning the dropping of the final *-d* of the imperative. (*Acad. N.*, V, xxii).

[46] Cotarelo y Mori misread *oy* in the B. N. MS. It should read *oy=oid* with the dropping of the final *-d* for the rhyme scheme. Restori (*Acad. N.*, III, 687a) reports *oy* (=*oid*).

[47] The following verses have final *-d* of the imperative dropped, but

LOS CONTRARIOS DE AMOR

The play *Los contrarios de amor* is known only through one manuscript copy in the Biblioteca de Palacio Nacional in Madrid.[48] The only printed version is the modern edition done by Cotarelo y Mori in the *Academia nueva* series.[49] The editor states that this manuscript copy of the *comedia* "la da como de Lope,"[50] but a careful check of the manuscript verifies that the bibliographers of Lope's material located in the Palacio Nacional are correct when they state that "en el manuscrito no consta el autor...."[51] The volume in which the manuscript is bound carries Lope's name, but this particular play does not bear the Fenix's name as do some of the other plays in the volume.

Cotarelo y Mori accepts the work as Lope's without any reservations:

---

these could be due to the copyist since they do not affect either the syllable count of the verse or the rhyme scheme:

Tené, que se va el traidor	(597a)
Vamos, andá, norabuena	(612a)
Alazá. Que me des aguardo	(623a)

The B. N. MS. has one other example which would actually make the verse one syllable too short. Cotarelo y Mori noted this and added the *-d* in his edition:

Bajá a darme las llaves	(MS. fol. 69 recto)

[48] Justa Moreno Garbayo and Consolación Morales Borrero, "Obras de Lope de Vega en la Biblioteca de Palacio," *Revista de Archivos, Bibliotecas y Museos*, LXX, 1-2 (1962), 354.
[49] *Acad. N.*, I, VII, 74-116.
[50] *Acad. N.*, I, vii.
[51] Moreno Garbayo and Morales Borrero, p. 354.

... suya es sin duda; no sólo por la gran facilidad de su versificación, algo descuidada en fuerza de fácil, como se ve en las demás obras de esta época suya, sino por los metros, pocos comunes en los demás autores dramáticos y hasta por lo novelesco y aun inverosímil del argumento; circunstancia que también concurre en éstas sus primeras comedias. Es posible que le corresponda alguno de los títulos no identificados del *Peregrino*. [52]

Other Lope scholars reject the play on the same basis for which the Spanish editor accepts it. Rennert, reviewing the publication of the *Academia* edition, doubts that it is Lope's:

... [*the comedia*] is neither mentioned in the lists of the *Peregrino*, nor is it ascribed to Lope in any known catalogue, and here we must register our scepticism as to the authenticity of this play. [It is true that the manuscript ascribes the play to Lope,] but it can scarcely be doubted that it is not his. It is a halting, dragging piece of work with a puerile plot, —the story of a King of England who is a confirmed woman hater, and of a Queen of Scotland who despises men, and who, of course, finally marry each other. [53]

One of Rennert's main objections is the poor versification of the play.

Morley and Bruerton do not think the play is Lope's. They point out that it is longer than any authentic Lope play and that both in length and versification it bears great similarity to Tarrega's *El prado de Valencia*. [54] Fichter, agreeing with Morley and Bruerton, adds that neither the language nor the style is typical of Lope. [55]

A study of the orthoepy and rhyme patterns of *Los contrarios de amor* adds additional evidence for the rejection of the work. The systematic occurrence of aspirate *h-* in an atonic syllable is

---

[52] *Acad. N.*, I, vii.
[53] Hugo A. Rennert's review of *Acad. N.*, I, in *Modern Language Review*, XII (1918), 115.
[54] Morley and Bruerton, *Chronology*, pp. 268-269.
[55] W. L. Fichter, review of Morley and Bruerton's *Chronology*, *Romanic Review*, XXXIII (1942), 208.

a clear indication that Lope did not write the play. In the following octosyllabic verses there must be hiatus before the áspirate *h-* or the syllable count is incorrect: [56]

y fué término/hidalgo	(75b)
Tengo mucho que/hacer	(75b)
al que le/halló? No sé	(77b)
que la/hiciera querer	(78b)
sin saber lo que/haré	(80b)
Al Rey tengo de/hablar	(82a)
mira tú qué/hacer debo	(82b)
no me la quiere/hacer	(82b)
ninguno/herido [se]va	(85b)[57]
y me/harán que no coma	(85b)
cuenta? Lo mismo/hiciera	(86a)[58]
pues cuanto/hacer intento	(88b)
pues lo que pienso/hacer	(88b)
yo/haré que no la goces	(89b)
a tiento la/hallaré	(92a)
por señas le/hallaré	(92b)
Camine, que sí/haré	(95b)
que tu gusto se/hiciera	(96a)[59]
para/hacelle pedazos	(97b)
tengo de/hallar favor	(97b)
qué tengo yo de/hacer	(99a)
a/hacer lo que deshizo	(100b)
pues yo/haré que de ti	(103b)
Para/hacerte pedazos	(106a)
no quiero más de/hablarla	(110a)
Al Rey tienes de/hablar	(111a)
pues de ti/huyendo voy	(111b)
Aurelio sale/huyendo	(114b)
de que merced me/harás	(116b)

In the following octosyllabic verses there must be aspirate *h-* in an atonic syllable or non-Lopean hiatus occurs elsewhere within

---

[56] Cf. Poesse, p. 76-77 and Morley, "Ortología...," p. 538. In the fifth verse it is not probable that dieresis would occur in *hiciera* thus eliminating aspirate *h-*. Cf. Poesse, p. 45.

[57] The *se* is lacking in the MS. fol. 26v., col. a. Aspirate *h-* is, therefore, obligatory in *herido*.

[58] There seems to be *me* before *hiciera* in MS. fol. 26v., col. b. It is difficult, however, to be certain, so Cotarelo y Mori's verse will be accepted here. Again, dieresis in *hiciera* is unlikely.

[59] Cf. note 56 above concerning *hiciera*.

the verse. As Poesse states, "Synalepha is the natural and usual result of the contiguity of two unstressed vowels. The examples of apparent hiatus ... where they are obvious errors of composition, are contrary to Lope's habitual usage and may be attributed to oversight rather than intent." [60] In the following verses such hiatus occurs if the *h-* in atonic position is not aspirate:

que quiero/hablarte/a ti	(84a)
prende/al que/huyere más	(85b)
que/a fe que/hacéis barato	(87a)
los que/el veneno/hallaron	(92a)
mucho/el daño que/hiciste	(98a)
Dime/Angelia, qué/hiciste	(100a)
yo/haré que ponga/en duda	(103b)
y no/hablarla ni/oírla	(104b)
a/hallar mi cielo/y [mi] gloria	(108a)[61]
Pues dime,/Antón: ¿qué/haré	(111a)
a/un corredor a/holgarte	(111a)
y para/hallarte/a ti	(116b)

When a final vowel atonic and an initial vowel tonic are contiguous, synalepha is the most common result in Lope's autographs.[62] This is not the case in the following verse:

y/ella de/el iba/huyendo	(85a)

A final tonic vowel and an initial atonic vowel will usually result in synalepha.[63] In these octosyllables there must be hiatus in such cases or there will be aspiration of *h-* in the atonic position:

¿Qué/es lo que/hacer intentas?	(106a)
¿Qué/es lo que/hacer querías?	(108b)

In this verse there are three possibilities of hiatus to make the syllable count correct, none of them Lopean. There may be aspiration of *h-* in the atonic position, hiatus between a final tonic vowel

---

[60] Poesse, p. 67.
[61] This is assuming that the verse lacks the *mi* which is supplied by the editor and is not in the MS.
[62] Cf. Poesse, p. 68.
[63] *Ibid.*, p. 73.

and a initial atonic vowel, or possibly hiatus between two unstressed vowels: [64]

      yo/haré/a Ricardo/agora   (91a)

In these hendecasyllabic verses there must be aspiration of *h-* or unusual hiatus between atonic vowels: [65]

      Déjame/a mí, que yo/haré de suerte   (79b)
      matadme,/amigos, ¿qué/hacéis?, matadme.   (90a)

In the autographs there are no examples of hiatus before or after intervocalic *he*. In this verse there must occur hiatus before or after *he*: [66]

      a Florinda/he/entregado   (84a)

In these verses there must occur hiatus between *he* and the following vowel or *h-* in atonic position must be aspirate or, in the third example, there will be hiatus between two unstressed vowels: [67]

      te/he de/hacer quemar vivo   (77b)
      te/he de/hacer dar la muerte   (78b)
      no puedo. /He de/escuchar   (84b)

In these verses there must be hiatus before intervocalic *a* or *ha* or aspirate *h-* occurs: [68]

      Aurelio viene/a/hablarte   (97a)
      Angelia luego/a/hablarte   (103b)
      Téngase. Que me/ha/herido   (87b)

The following verses have hiatus before *ha*, *has*: [69]

---

[64] *Ibid.*, pp. 76-77, 73, 67.
[65] *Ibid.*, pp. 76-77, 67.
[66] *Ibid.*, p. 79.
[67] *Ibid.*, pp. 79, 76-77, 67.
[68] *Ibid.*, p. 79.
[69] *Ibid.*, pp. 69, 71, note 1, and 79.

el fuego que te/ha hecho (83b)
bien lo que/has de decir (98b)[70]

In the following verses there is either hiatus before *has*, aspiration of *h-*, or other unusual hiatus: [71]

y/otra cosa/has de/hacer (88a)
Del preso ¿qué/has de/hacer? (115a)

In the following verses there is either hiatus before *hasta*, *harto(a)*, or hiatus between two unstressed vowels (in the last verse there would occur hiatus between final tonic and initial atonic vowels): [72]

sí/arderá/hasta que/a ver (84a)
que me/es de/importancia/harta (88a)
la que de tu/ausencia/harta (94a)
aunque/harto me/habrás dado (104a)
cuanto/hasta/aquí/enemigo (115b)

Other non-Lopean hiatus exists in *Los contrarios de amor*. In this octosyllabic verse there must be hiatus before *errar*. This is contrary to Lope's practice to have hiatus before an unstressed initial vowel: [73]

por no/errar el camino (84b)

In the following verses there must be hiatus before the unstressed initial vowel of the future forms of *errar* or hiatus occurs between unstressed vowels: [74]

no le/errarás, que/el suelo (83b)
y/el camino/erraré (83b)

The manuscript copy has *erraré* and *errarás* written with an initial *h-* which possibly indicates that the playwright intended hiatus

---

[70] In MS. fol. 325, col. a., there appears to be the pronoun *le* before *has*.
[71] Cf. Poesse, pp. 69, 71, n. 1, and 79, 68.
[72] *Ibid.*, pp. 77, 73.
[73] *Ibid.*, p. 67.
[74] *Ibid.*

in this position in the verse. This could also explain the use of hiatus before *errar* in the previous verse. [75]

In the following verses there occurs hiatus between two unstressed vowels, hiatus between final tonic and initial atonic vowels, or hiatus between final atonic and initial tonic vowels. Hiatus is not Lope's usual practice in any of these instances. The last verse should be hendecasyllabic: [76]

más por tu/honor y fama	(77b)
sí/es; acabe/el cruel	(85b)
barbas como/él, hiciera	(86a)
de qué suerte le/armemos	(107a) [77]
que nunca de ti/envías	(108b)
nada/y verdad confiesas	(110a)
será/ocasión... A/aclararte/empieza	(79b)

There are two additional defective verses in the text and manuscript. These are one syllable too short; the first should be hendecasyllabic and the second octosyllabic:

y no soy quien gusta de buscalla	(91a)
Haz tú, Rey y señor	(98a)

The treatment of the individual word is a source of further non-Lopean elements in *Los contrarios de amor*. The word *fiel* is normally employed with dieresis in Lope's autographs. Poesse records eleven examples of bisyllabic *fiel* and two examples of the word with dipthongization of -ie-. Arjona, indicating that Poesse had misread *fue* as *fiel* in one of the autographs, reduces this ratio to eleven to one, and he adds that "the only instance of monosyllabic *fiel* in Lope occurs within the line and in pretonic position." [79] There are two examples of monosyllabic *fiel* at the end of the verse in this play:

que por fuerza un pecho fiel	(74a)
porque de mi pecho fiel	(105a)

---

[75] MS. fol. 25 recto, col. a.

[76] Cf. Poesse, pp. 67, 73, 68.

[77] *Armemos* is written with an initial *h-* in the MS. which seems to indicate that the playwright employed hiatus in this position. MS. fol. 37, verso, col. b.

[78] Cf. Poesse, pp. 40, 43.

[79] Arjona, "Ten Plays...," p. 321.

The treatment of certain verb forms is quite contrary to Lope's practice. In words in which a weak tonic vowel appears with a strong atonic vowel, such as occurs in the imperfect indicative endings of -*er* and -*ir* verbs and the conditional, "there is syneresis to any great extent only in *había* (*había*, *habías*)...."[80] In these two verses *conocían* and *quería* must contain syneresis in the imperfect endings. The first verse should be hendecasyllabic and the second octosyllabic:

    que en la color me conocían los hombres   (79b)
    que un hombre quería matarte   (114b)

Traéis as a monosyllable in the following verse is equally non-Lopean:[81]

    ¿Traéis carta? Sí. Hablara yo   (93b)

The form *vide* for *vi* occurs once:[82]
    La fiesta se acabó, y apenas vide   (79a)

Do used for *donde* is rare in authentic Lope texts. It appears seven times in this play:[83]

    hasta volver do se forjaba el fuego   (79a)
    Para saber de do pende   (83a)
    Que do el corchete se mete   (85b)
    de la corte, do los nobles   (93b)
    do tus memorias estén   (94b)
    do mis parientes están   (95b)
    ¿dó vas? A buscarte vengo   (106a)

The rhyming practices of the *comedia* vary from Lope's practices with an excessively high number of autorhymes and an excessive number of instances in which consonance and assonance are employed in the same strophe. There are seven instances of the latter defect:[84]

---

[80] Poesse, p. 49.
[81] *Ibid.*, pp. 26, 28.
[82] Cf. Arjona, "Ten Plays...," p. 322.
[83] Cf. Fichter, "Orthoepy...," pp. 152-153, n. 10.
[84] Cf. Arjona, "Defective Rhymes...," p. 127.

(*Redondilla*, -*e*, -*o*)
¿Estáis bien en el concierto?
Bien le apercibe en mi pecho.
Pues, Aurelio, yo sospecho
que ha de salir todo cierto. (85a)

(*Terceto*, -*e*, -*o*)
Mil veces por momento desespero,
mil veces doy lugar al pensamiento
de quien la fiera ejecución espero (91a)

(*Redondilla*, -*e*, -*a*)
Mi triste muerte es ya cierta.
Señor...
    Sacalda allá fuera.
Escucha.
    ¡Matalda, muera!
No es razón.
    Abrid la puerta. (91b)

(*Redondilla*, -*e*, -*o*)
de la pena que padezco,
pues a eso sé que empleo
en ti todo mi deseo,
pues por ti a morir me ofrezco. (94b)

(*Redondilla*, -*a*, -*o*)
Erbagio, dame un abrazo.
Mucho en dártelo me tardo.
¿No eres Ricardo? ¡Oh, Ricardo!
Ya de mi bien llegó el plazo. (99b)

(*Quintilla*, -*a*, -*o*)
Que, estando el Rey sosegado,
libre de cualquier cuidado,
hemos de buscar espacio
que Erbagio vaya a Palacio,
de la traición descuidado. (107b)

In this *octava* there is the mixture of consonance and assonance (*e*, *e*) in the alternating AB rhymes. The *Academia* text is faulty here, so the manuscript has been used to rewrite the passage: [85]

---

[85] MS. fol. 23 recto, col. a.

Déjame a mí, que yo haré de suerte
que le tracemos al traidor.

Aurelio

Detente.

Alberto

quien bien e quien te turba quien.

Aurelio

Adbierte.
Que suenan pasos de encubierta gente,
y si la traza de su triste suerte
por tus voces coléricas se siente,
será ocasión...
        A aclararte empieza.
¿Quién hacia acá sus pasos endereza? (79b)

There are one hundred and ten autorhymes in *Los contrarios de amor*.[86] One of these (*vuelta*) is never found in authentic Lope plays, and in some instances the rhymes appear in passages which are defective in other aspects:

Pero esta cinta me *mata*,
porque a tu mano sujeta,
la breve lazada aprieta
donde mi vida le *mata*. (74b)

¿Tengo de ser yo tan loca
que, aunque me muera por *ti*,
me tengo de andar tras *ti*
diciendo: qué quieres, boca? (75a)

¡Oh, vista que al alma *viste*!
del tormento que la abraza!
¡Oh, lazo que al alma enlaza!
Señora, ¿qué es lo que *viste*? (75a)

Basta, mi bien, que te *burlas*
y con burlas veras labras

---

[86] Cf. Arjona, "The Use of Autorhymes...," p. 301.

Siempre tomas mis palabras
como palabras de *burlas* (77a)

Ese que os busca soy yo
y anda siempre en vuestra *busca*;
esotro no, que no os *busca*,
sino que luego os halló. (77b)

Mira, pues, cuál quedará
sin reina y sin rey el *reino*.
Agora por reina *reino*:
muerta yo, rey le vendrá. (78a)

No dió lugar a que segunda *vuelta*
corriese la ocasión de mi tormento,
que así, añudada, sin coger revuelta,
con ella se salió del aposento.
Quedé turbado, la cabeza *vuelta*
siguiendo sus pisadas por el viento,
que, fingiendo un dolor en cierto lado,
se levantó con ella del estrado. (79a)[87]

Al fin llegué contigo al sitio y *puesto*
adonde agora de mi mal tratamos;
pero si mi tormento nace desto,
¿cómo en venganza el tiempo dilatamos?
Ya que en mis manos tu deshonra has *puesto*,
verás también lo que en tu bien trazamos.
Pues traza, amigo, y traza de manera
que este enemigo a nuestras manos muera. (79b)

¿Cuál es el hombre que es hombre,
que si sustenta este *nombre*
se nombre de una mujer?
¿Quién tan ciego puede ser
que del ciego dios se *nombre*? (79b)

En esto estriba mi *gusto*,
Erbagio; yo gusto de esto,
y pues yo de aquesto *gusto*,
mostrad el pecho dispuesto
a darme gusto en lo justo. (80b)[88]

---

[87] Cf. Arjona, "Did Lope... *El lacayo fingido*," p. 45.
[88] Rennert indicates this strophe in his study saying that "Lope in his most unfortunate moments could scarcely have written such verses..." *Modern Language Review*, XIII (1918), 115.

Aurelio, vente tras *mí*,
que voy ya trazando un hecho
que ha de aprovecharte a ti,
y si sale cual sospecho,
también me va parte a *mí*.   (81a)

¡Ah, cielo, que ya se *ve*!
No mornures, anda, *ve*.
Voime; mas si en ese pecho
es verdad lo que sospecho,
quien me agravia guárdese.   (81b)

que no consagro tal *palma*
a una amujer con modestia,
y es más llano que la *palma*
que si la consagro el alma
no soy hombre, sino bestia.   (81b)

El Rey gusta que me aparte
de ti, mas no será *parte*,
pues contigo el alma dejo,
y mientras yo más me alejo
ocupas en mí más *parte*.   (83a)

Muy bien hace; huiga *dellas*;
muéstrese a todas cruel;
persiga a las más estrellas,
que ellas no son para él
por no ser él para *ellas*.   (83a)

Angelia, cielo me *llamas*
y como a cielo me amas,
pues cuando en el suelo el fuego
se mata, el humo va luego
al cielo desde sus *llamas*.   (83b)

Ya, mi bien, se llega el plazo
de dar la lazada al lazo
que las dos almas *enlaza*;
pues un lazo las *enlaza*,
abrácelas un abrazo.   (84a)[89]

Tal fuego se encienda en *ella*
que te torne fuego a ti,

---

[89] *Ibid.*

pues por dártela perdí
el bien que gané por *ella*. (84b)

Prende al que vieres correr;
prende al que/huyere *más*.
¿Cómo? ¿Piensa que no hay *más*
sino llegar a prender? (85b)[90]

El alboroto fué *parte*
que perdiese una ocasión
donde el premio y galardón
no fueran pequeña *parte*. (85b)

Metí mano para *él*;
afirmóseme, y envuelvo
la capa al brazo, y revuelvo,
y embisto, y cierro con *él*. (86a)

¡Bien, por Dios!
    ¡Vaya el gallina!
Llévese su espada y *calle*,
o aguárdeme en ese *calle*,
que ¡por Dios! que me amohina. (86a)

No puedo sin él vivir,
y así, pretendo con *él*
morir o vivir por *él*,
que lo más cierto es morir. (88a)

veré si se acuerda *della*,
si con la carta recibe
contento; si muere o vive,
si vive o muere por *ella*. (88a)

y si no te satisface
estar con ella y sin *él*,
muera Erbagio, pues que *dél*
tu pena resulta y nace. (88b)

Ricardo es éste, sin *falta*;
no es bien que nos halle aquí.
Aurelio, vente tras mí,
y diréte lo que *falta*. (88b-89a)

---

[90] In addition to the rhyme defect, this passage contains an aspirate *h*- in atonic position in the second verse.

¡Ah, traidor Erbagio!
              Calla,
que tú la culpa tuviste,
Yo callaré, mas ¡ay, triste,
qué mal el daño se *calla*!   (89a)

Si más tu majestad no se declara,
todos ignoran la ocasión que *turba*
el natural color de aquesa cara.
Una mujer es, ¡triste!, quien perturba
mi paz y mi sosiego y quien intenta
hacer lo mismo en la plebeya *turba*   (90a)

Idos, y dejadme solo,
y volved de aquí sin *falta*
cuando ya la luz nos *falta*
por el ausencia de Apolo.   (92b)

¿Tanto me parezco a *él*?
Mira, si acaso soy *él*,
que podría, por ventura.
No, que no tiene él postura
de ser tan malo y cruel.   (93a)

Muestra, que en ella *dirá*
de quién viene o a quién va,
que siempre en el sobrescrito
va a quien va la carta escrito.
Y en aquésta lo *dirá*.   (93b)

Ya que el cuerpo ver no espero,
veré a lo menos el *nombre*
de la ingrata por quien muero.
Quiero besaros en *nombre*
de aquella que adoro y quiero.   (94a)

dime que en su mano *estuvo*
aqueste papel.
             Sí *estuvo*,
pues su mano me le dió,
Pues porque ella le tocó
hasta mi boca le subo.   (94a)

Regálese como a *mí*,
que lo que por él se hiciere
lo recibo yo si fuere
hecho por amor de *mí*.   (94b)

Buena necedad, por Dios;
mas ¿qué leche os toca a vos
si de un padre os engendrastes?
¿Luego a malicia lo echastes?
Yo llamo mi padre a *Dios*.   (94b)

¿Quedáraste aquí, sin duda?
Iré contigo sin *falta*.
¿No ves que en la tierra cruda
muchas veces el pan *falta*?
Sustentaráme tu ayuda   (95b)

¿A mis pies?
            A sus pies *dél*
Limpio estoy como un papel.
Y aun más de dos veces, digo,
quisiera él dormir conmigo
y yo no quise con *él*;   (95b)

Este dirá todo el caso,
que yo, señor, no lo sé.
Paso, Alberto; habla, *paso*.
¿Ay, triste! Que le diré,
que el temor ataja el *paso*?   (97a)

Aurelio, ¿qué es lo que has *hecho*?
¿Qué quieres? Turbóme el pecho
el cogerme de repente.
Eres poco suficiente
para tan soberbio *hecho*.   (98a)

Bien pagas, Angelia, *bien*,
lo que por ti padecí.
Véngame el cielo de ti,
que no le pido otro *bien*.   (100a)

Tan imposible ha de *ser*
que yo reciba marido,
como dejar de haber sido
lo que una vez tuvo *ser*   (101a)

Capitán, toma ese sello,
y mi palabra con *él*,
y prométote por *él*,
si es que puedo prometello   (104a)

LOS CONTRARIOS DE AMOR

Soldados, la Reina *reina*
en la tierra donde estamos,
y pues su tierra donde pisamos,
respétese como a *Reina*. (104a)

Señor, la Reina te *llama*
y tu tardanza condena.
El llamarse será arena
que da más fuerza a mi *llama*. (104b)

te aborreció, porque hiciste
tantos extremos por *ella*,
que me espanto como en *ella*
este cuello me enviaste. (105a-b)

Y como es tan importante,
vale un ojo de la *cara*,
y vos la vendéis tan *cara*
que no se os vende un pesante (106b)

Los dos iremos con *él*,
y cuando al Rey llegue a hablar
abrazarémonos *dél*,
diciendo que le iba a dar
muerte afrentosa y cruel. (107b)

ha de entender el Rey *cierto*
que Erbagio a matarle iba;
y teniendo esto por *cierto*,
le ha de poner en esquiva
prisión, donde quede muerto. (107b)

Reina soy para *atreverme*
contra un Rey, que ésa no es culpa
y el ser reina me disculpa
de la culpa de *atreverme*. (108a)

Muera Erbagio y viva *yo*
para gozar lo que él quiere,
que vivo si Erbagio muere,
y si él vive muerto *yo*. (109b)

Traedme a la Reina vos
que quiero vengarme *della*,
y venga Erbagio con *ella*,
aprisionados los dos. (112a)

¡Que tu persigas mi *bien*
queriéndote más que a mí!
Si dijeras cual yo a ti
encareciéraslo *bien*. (114a)

"Ah, traidor! Que por seguir
la traición que *lebantaste*
y la que al Rey *levantaste*
vengo, en efeto, a morir. (115a)[91]

Mancebo, pues te le entrego,
usa de piedad con *él*.
Pues óyeme, Rey; que a *él*
y a ti que me oigáis os ruego. (115b)

esta es la verdad del *caso*.
Admírame tanto enredo.
¡Por Dios, que muy bueno quedo
si acaso con vos me *caso*! (116b)

An additional defective rhyme is noted in the following verse in which assonance is employed for consonance:

pues de la razón me *alejo*
pudiéndola bien gozar
¿de quién me puedo quejar?
¡Vengarme, vengarme *quiero*! (105b)[92]

Certain enjambements employed in the play are quite rare in authentic Lope plays: [93]

yo a las mujeres, y pues
también ella mujer es (81a)[94]

y ansí te perdono, pues
fué contra mujer tu pecho. (98a)

---

[91] This autorhyme does not exist in the *Academia* text, but does appear in the MS. fol. 41 verso, col. 6.

[92] This defect Lope did avoid, but his autographs contain eleven instances of the use of assonantal rhyme for consonantal rhyme. Cf. Arjona, "Defective Rhymes...," p. 126.

[93] Cf. Arjona, "Two Plays...," p. 390.

[94] Rennert objects to this non-Lopean verse also. *Modern Language Notes*, XIII (1918), 115.

EL PRODIGIOSO PRÍNCIPE TRANSILVANO

El prodigioso príncipe transilvano has been attributed to a number of playwrights of the Golden Age. George Bacon explains the confusion of the attributions of the play to various dramatists:

> The catalogue of the British Museum — doubtless following the ascription of two copies in the Museum, dated Barcelona, 1770 (?) and 1808 (?) — attributes this *comedia* to Montalván, but adds that Moreto and Matos have also been named as authors. In treating of Luis Vélez de Guevara's *El capitán prodigioso, Príncipe de Transilvano*, Schaeffer states that Moreto and Matos have availed themselves of it in their *El príncipe prodigioso, y Defensor de la Fe*; Schaeffer thereby attributing the latter not to Montalvan, but to Matos and Moreto. In *El mejor de los mejores Libros que han salido de Comedias nuevas*, Madrid, 1653, it is given the ascription. [95]

In a manuscript located in the Biblioteca de Palacio the play is also attributed to Lope de Vega. [96]

The *comedia* has been through almost as many rejections as it has attributions. Bacon includes the play in his catalogue of

---

[95] "The *Comedias* of Doctor Juan Pérez de Montalván," *Revue Hispanique*, XVII (1907), 62. Schaeffer published the play in his *Ocho comedias desconocidas* (Lipzeig, 1887).

[96] II-461. Siglo XVI (finales), 31 hojas (fols. 2r-32v). 210 × 150, a 2 cols. y lines tirada.

Justa Moreno Garbayo and Consolación Morales Borrero, "Obras de Lope de Vega...," p. 350. The MS. has each page with a number written in with a pencil. For convenience, this numbering has been used in referring to the MS.

Montalvan's play, but he places it in a doubtful category and says that "it does not read like Montalván's work." [97] Spencer and Schevill also include the work in their catalogue of Luis Velez's plays under *comedias dudosas*. They are, however. "inclined to set down as ... opinion that by its content and by its language and its verse, is very characteristic of the must of Velez de Guevara." [98]

Cotarelo y Mori accepts the play as Lope's and rejects Velez de Guevara:

> Ahora bien; esta comedia se imprimió, a principios del siglo XVII, con otras varias, en un tomo, sin filiación conocida; pero atribuida Luis Vélez de Guevara, y en forma mucho más incorrecta que la del manuscrito palatino. Luis Vélez, de edad en 1595, de quince años, se hallaba en la Universidad de Osuna, cursando el bachillerato de Artes, en que obtuvo el grado el 1.º de julio del año siguiente de 1596, pasando luego a servir de paje al arzobispo de Sevilla, don Rodrigo de Castro, en cuya compañía se hallaba aún en 1600; yéndose después de soldado a Italia, y no vino a Castilla hasta 1603, cuando ya Segismundo, hecho clérigo y jesuita, había abdicado su corona y no daba temores al Turco. No hay, pues, razón suficiente para despojar a Lope de esta obra, sin que puedan contribuir a ello algunos defectos de rima... [99]

Cioranescu disagrees with Cotarelo y Mori and attributes the play to Luis Vélez. He believes that Vélez wrote the play for the *fiestas* celebrating the arrival of the young queen Margarita in Valencia to meet her husband Felipe III. At this time the young playwright was in the service of the Archpriest of Seville, Rodrigo de Castro, who was in charge of the celebrations. Cioranescu concludes:

> Todas estas circunstancias reunidas: un joven escritor a quien vemos atribuida más tarde la comedia del *Prín-*

---

[97] Bacon, *Op. cit.*

[98] Forrest Eugene Spencer and Rudolph Schevill, *The Dramatic Works of Luis Vélez de Guevara*, University of California Publications in Modern Philology, XIX (1937), 372.

[99] *Acad. N.*, I, viii-ix.

cipe Transilvano, y que se encuentra al servicio del prelado encargado con la organización de la recepción de Margarita y de las correspondientes fiestas y regocijos; un tema actual y relacionado con la familia de la joven reina que forma el punto central de la fiesta; unas fuentes de información sobre el argumento, que difícilmente se explican si no es por intervención más o menos oficial; una composición claramente panegírica, bastante espectacular para indicar cierto mérito dramático, al mismo tiempo que bastante torpe para traicionar la mano inhábil de un principiante; todo ello parece indicar que Vélez de Guevara es el verdadero autor del Príncipe transilvano. [100]

Concerning the other attributions:

> En cuanto a los otros nombres que se han mencionado en relación con la comedia, es evidente se trata de escritores que solo aportaron al texto los inevitables retoques que exigía su representación, en relación con los intereses o con las posibilidades de cada compañía; en el caso de Lope, es posible sea una de las muchas 'especulaciones de cómico' a que aludía Fernández Guerra y que tanta confusión introducen en la producción de los dos rivales, Lope de Vega por una parte y Vélez de Guevara por otra. [101]

Morley and Bruerton, without attributing the play to any dramatist, reject it as being Lope's:

> The play is extremely long, the 4317 lines of verse (over 700 lines more than in Lope's longest play) being supplemented by prose proclamations, letters, etc. The *qu.* are not in Lope's usual forms. The rest of the verse structure is of a type that Lope was writing in 1595-1602, but the style is pedestrian and the verse lacks both his brilliant attack and his nervous rapidity. We do not believe that Lope wrote the play. [102]

---

[100] Alejandro Cioranescu, "El autor del *Príncipe transilvano*," *Estudios de Literatura española y comparada*, Universidad de la Laguna (Canarias) (1954), p. 113.

[101] *Ibid.* Fernández Guerra y Orbe edited the plays of Moreto for the *Biblioteca de Autores Españoles*. He believes that the attribution to Matos and Moreto came from the actors and the publishers. (Moreto y Cabana, *Comedias escogidas, Biblioteca de Autores Españoles*, Madrid, 1855, xi-xli).

[102] *Chronology*, p. 331.

Fichter believes that "another argument against Lope's authorship is the large amount of prose — 8 letters and 2 passages — which is more than any authentic Lopean play." [103]

The *Academia* edition, based on the manuscript in the Biblioteca de Palacio, is definitely not Lope's. There are numerous elements in the orthoepy and the rhyme practices of the *comedia* which make it unacceptable as Lope's. In the orthoepy there is good reason for rejecting the play as being Luis Vélez's.

Dealing with the treatment of groups of words, there is very little in *El prodigioso príncipe*, in comparison whith the other plays examined in this study, that can discount Lope as the author. As will be noted in treating the individual word and the rhyming practices, however, there is an abundance of non-Lopean elements in the play.

There are only two verses in which aspirate *h-* in an atonic syllable appears: [104]

        Señor, dime que / haré   (347a)
        Así lo pienso / hacer   (406a)

Lope's preference is for synalepha before the words *hasta* and *harto(-a)*. [105] In the first of the following three verses hiatus must occur before *harto*; in the other two verses, hiatus must occur before *hasta* and *harta*, or between two unstressed vowels:

        Sí. (Para mí / harto grande   (420a)
        Con tanta / inclemencia, / hasta   (371a)
        esa / es desvergüenza / harta   (407a)

Intervocalic *he* is always in synalepha with both the preceding and the following vowels in Lope's autographs. [106] In this verse there must occur hiatus either before or after *he* or hiatus must occur between two unstressed vowels: [107]

        de / abstinente. No / he / hallado   (395b)

---

[103] *Romanic Review*, XXXIII (1942), 210.
[104] Cf. Poesse, pp. 76-77.
[105] *Ibid.*, p. 77.
[106] *Ibid.*, p. 79.
[107] *Ibid.*, p. 67.

Ha is almost always in synalepha with the preceding or following vowel.[108] In these following verses there must be hiatus before *ha*, or in the case of the second verse, hiatus will occur between two unstressed vowels:[109]

Del reino / ha salido tan secreto	(392a)
si / es que se / ha de / acabar	(371a)

The majority of the non-Lopean elements in the *comedia* are found in the treatment of the individual word and in the rhyme schemes. The treatment of the individual word also offers variations from Vélez's usual orthoepic preferences. *Cruel* with snyeresis is neither typical of Lope nor Vélez.[110] It appears three times as a monosyllable in this *comedia*:

De un hermano cruel y airado	(369a)
porque si un hermano cruel	(370a)
más cruel eres que pareces	(370a)

Fiel and related forms, *fieles, infiel, infieles*, almost always are with dieresis in Lope's plays.[111] In *El prodigioso príncipe* these words are systematically with diphthong:

otro tengo en ti tan fiel	(370a)
que sea fiel el traslado	(379b)[112]
que es Dios, tan piadoso y fiel	(381a)
inspira en tu pecho fiel	(390a)
¡Oh, español! Fiel secretario	(391a)
del príncipe más fiel que tiene el mundo	(393a)
si a fiel original deste traslado	(394a)
¡Oh, vasallo noble y fiel!	(396a)
¡Oh, fiel vasallo! No es bien	(396b)
lo que tratan) ¿Eres fiel?	(398a)
que he de hacer de ladrón, fiel	(402a)
por enseñarte a ser fiel	(402a)

---

[108] *Ibid.*, pp. 69, 71, n. 1, 79.
[109] *Ibid.*, p. 67.
[110] Cf. Poesse, pp. 40, 42, 44; Wade, p. 462.
[111] Cf. Poesse, pp. 40, 43.
[112] In this verse *sea* could be a monosyllable and be good Lope. *Fiel*, however, does appear many times as a monosyllable in the play, so it is safe to assume that it is here.

como todos vosotros, y más fieles	(393a)
¡Oh, ejemplo de pecho fieles!	(396b)
Y dile a ese Turco infiel	(382b)
Yo católico, él infiel	(388b)
¿Mi primo? Sí. ¡Oh, sangre infiel!	(390a)
arroyos de sangre infiel	(407a)
con la gente. ¡Ah, primo infiel!	(396b)
me acercaré al campo infiel	(415b)
su muerte porque toma contra infieles	(394a)

Syneresis in *león*,[113] *peor*,[114] *deseo*,[115] *real*,[116] *leal*[117] is unusual both in Lope's and Vélez's autographs. In the following verses the words must contain syneresis or the syllable count of the verse is incorrect:

¡Vil fraticida, león fiero!	(369b)
¡Oh, Amurates! ¡Qué león pardo	(370b)
más enojado que león pardo	(390b)
del peor trato y baja ley	(390b)
sino el deseo de juntar	(387a)
digno de corona real	(421a)
el premio de un hombre leal	(402a)

The occurrence of a diphtong in the conditional and imperfect endings of *-er* and *-ir* verbs is rare in Lope's works.[118] Such forms of the verbs in the following verses must contain diphthong:

Daría la vida por él	(396a)[119]
hacía dar este rebato	(416b)
Con eso la tendría llena	(417b)
niños que tenía el bajá	(418a)

These always appear with azeuxis in Vélez's *comedias* also.[120]

---

[113] Cf. Poesse, pp. 27, 30, 31; Wade, p. 468.
[114] Cf. Poesse, pp. 28, 30; Wade, p. 468.
[115] Cf. Poesse, pp. 23, 25; Wade, p. 466.
[116] Cf. Poesse, pp. 27, 29,30; Wade, pp. 467, 468.
[117] Cf. Poesse, pp. 27, 29, 30, 31; Wade, p. 467.
[118] Cf. Poesse, pp. 35, 37, 38.
[119] The MS. fol. 34, col. b. has *dara* instead of *daria*.
[120] Cf. Wade, p. 471.

Día (s) normally appears as a bisyllabic word in both Lope and Vélez.[121] There are two instances of the word as a monosyllable in this play:

> en su mismo día un prelado (412a)
> Tres días hay que no he comido (395b)

Both dramatists prefer bisyllabic *frío* and *mío*.[122] The author of this *comedia* employs both as monosyllables:

> ¡Oh, príncipe mío y señor! (420a)
> del fuego, del frío, del agua (412b)

Syneresis in imperatives of *-er* or *-ir* verbs with the inclictic *-os* is rare in authentic Lope plays.[123] Here there must occur syneresis:

> Partíos luego. Luego parto. (384b)

Cree[124] as a monosyllable and *aun*[125] as a bisyllable, as they must be in the following verses, are non-Lopean:

> Cree solamente mis obras (373a)
> No me conocéis aún (383a)

Forms of the verb *persuadir* with the stress on *-ua-* normally have dieresis in Lope.[126] In these two verses the conjugated forms are with diphthong:

> porque yo no me persuado (413b)
> te persuades tú tan mal (413b)

Infelice[127] and *do*[128] for *donde* are rare in authentic Lope texts. They appear numerous times in this play:

---

[121] Cf. Poesse, pp. 34, 37; Wade, p. 470.
[122] Cf. Poesse, pp. 36, 38; Wade, pp. 470, 471.
[123] Cf. Morley, "Ortología...," p. 533; Poesse, p. 37.
[124] Cf. Poesse, p. 23.
[125] *Ibid.*, p. 38, n. 71.
[126] *Ibid.*, p. 44.
[127] Cf. Arjona, "Ten Plays...," p. 323.
[128] Cf. Fichter, "Orthoepy...," pp. 152-153, n. 10.

escucha atento tu infelice suerte	(377b)
do sus mujeres están	(371a)
do la tierra se les dé	(374a)
do ya se había rehecho	(380b)
¿qué ley tenéis por do pudo	(382a)
que no halle por dó salir	(383a)
no se vaya. ¿Dó se ha de ir?	(384b-385a)
De do claro se colige	(387a)
al centro de do salieron	(389a)
a mi salud.—¿Dó quedó	(390b)
¿Dó se apartaron tan presto?	(391a)
Tú, Condesillo de Alba, ¿dó te subes?	(393a)
Mira por do te parece	(397a)
Allí, do viniendo a brazos	(411a)
y do estaré más honrado	(411a)
Paso. ¿Dó vas? Ten allá.	(412b)
por do pasases, Sinán	(413b)
hasta el Danubio, do tiene	(415a)
¿Dó vas? ¿A quien has salido	(418b)

Oid as a monosyllable is non-Lopean.[129] In the following verse the word is with syneresis:

Dos jornadas. Oíd, amigo: (398b)[130]

There are twenty-six examples of the mixture of consonance and assonance, which greatly exceeds the number of instances in any authentic Lope play:[131]

(*Quintilla*, -e, -e)
Dígolo porque pareces
que amenazándome vienes,
y es que ya te desvaneces
con la privanza que tienes,
que es la que tú no mereces. (371a)

(*Quintilla*, -e, -a)
¡Oh, traidor!

---

[129] Cf. Poesse, pp. 31, 33.
[130] If the final -*d* of *oid* were dropped, synalepha of *i* and initial *a* of *amigo* would be possible, making the verse an octosyllable. This, however, is non-Lopean also. Cf. *Acad. N.*, V, xxii.
[131] Cf. Arjona, "Defective Rhymes...," p. 127.

		Bajá. ¿Qué esperas?
Dale.
		Ten, Sinán.
					Paciencia.
Tu hermano manda que mueras;
yo ejecuto la sentencia
que tú te diste.
			Pudieras					(372a)

(*Quintilla, -e, -o*)
Corrido estoy del suceso.
¿Dónde está el cristiano perro
que esto me trujo? ¿Qué es eso?
Una lámina de hierro
que dice así:
		Pierdo el seso.						(375b)

(*Quintilla, -a*)
Y voy con ésta a aprestar
la gente.
		Ve donde vas
que aquí me quiero quedar.
Alto; todos los demás
nos podremos retirar						(377b)

(*Terceto, -a, -o*)
Sujeté el reino scita y el troyano,
conduciendo a mi yugo el pueblo parto,
que tanta sangre le costó al romano.			(377b)

(*Quintilla, -o*)
Pero Sigismunda no,
que renunciará mejor
el reino en quien se lo dió,
que ir contra el Emperador,
que es cristiano como yo.					(384b)

(*Redondilla, -a, -a*)
Por la parte de Alemania
dejo las paces juradas,
pero muy aventajadas
al reino de Transilvania.					(386b)

(*Redondilla, -a, -o*)
Que el turco se humille tanto,
que le escriba de su mano

por un estilo tan llano,
digo que me pone espanto. (388a)

(*Redondilla, -e*)
Yo católico, él infiel;
yo con valor y él no sé;
él sin Dios y yo con fe,
mira si podré más que él. (388b)

(*Redondilla, -e, -o*)
Pero ¿qué digo? Tan presto
mis pensamientos volvieron
al centro de do salieron,
de la alteza en que me han puesto? (389a)

(*Redondilla, -e*)
Pero ¿yo no lo invié
contra el Tártaro?
                Así es;
pero incitóle el Marqués
a que no fuese.
                ¿No fué? (390a)

(*Redondilla, -a*)
y tú, Marqués sin piedad,
afloja el lazo si está
en tu cuello, que a mi ya
me ahoga el de la amistad. (391a)

(*Quintilla, -e*)
¿Tú eres el príncipe?
                El es.
Aguarda, me arrojaré
por la muralla a tus pies,
pues con esto llegaré
más presto a que me los des. (396b)

(*Redondilla, -o*)
Seis mil.
         ¿No más?
                Señor, no.
Tratadlas como es razón;
mirad, Capitán, que son
católicos como yo. (389b)

(*Redondilla, -e*)
que tengo que hablar con él.

Yo soy.
                ¿Vos? No viene bien.
No tenéis talle.
                Pues ¿quién
te parece que es?
                Aquél.   (400b)

(Redondilla, -o)
Pues ¿no es el Príncipe?
                No.
¿Luego el Príncipe sois vos?
Maravillas son de Dios
que no las alcanzo yo.   (401b)

(Redondilla, -e, -o)
y él, como mal caballero,
tiene, por yerro, en el pecho
el mismo yerro que ha hecho,
yo el de la muerte que espero.   (401b)

(Redondilla, -a, -a)
Pues, Alejandro, ¿esto pasa?
¿Esta cena me tratabas?
¿Para esto me convidabas
con tu hacienda y con tu casa?   (401b)

(Redondilla, -e, -o)
Desde luego la obedezco,
y, como leal, prometo,
de cumplilla con efeto.
Yo la creo y la agradezco.—   (405b)

(Redondilla, -o)
a oír misa.
          Es invención
de soldados.
             Callad vos,
hermano; ayúdeles Dios;
gocen de su devoción.   (406a)

(Redondilla, -e, -a)
Catorce Grandes Su Alteza
manda prender, y cualquiera
es tan grande, que pudiera
competir con su grandeza.   (406b)

(*Redondilla*, -a)
Firma agora, y las demás
que por este estilo van,
los demás las firmarán.
Hoy, Príncipe, has hecho más (408b)

(*Redondilla*, -e -a)
Esta es la que me atormenta,
que, aunque bastarda, la hiciera
mi legítima heredera;
mas ya lo es de mi afrenta. (409b)

(*Quintilla*, -a, -o)
Allí do viniendo a brazos
con un escuadrón formado
los haga a todos pedazos,
y do estaré más honrado,
Princesa, que en vuestros brazos (411a)

(*Quintilla*, -e, -a)
Y os manda por obediencia,
y por Dios, que así lo ordena,
que os consoléis en mi ausencia
y que desechéis la pena,
so pena de inobediencia (411b)

(*Redondilla*, -e, -o)
¿Que el Transilvano se ha puesto
cuasi en medio del invierno
en campaña? ¡Dios eterno,
no puedo entender qué es esto! (414a)

The *comedia* contains twelve consonantal rhymes in two hundred and sixty-six lines of *romance*, with the ratio result 4.1 : [132]

y tú, Príncipe perjuro,
de parte del Gran Señor,
os amonesto y conjuro (382a-b)

a ponello asedio duro.
Has de dar por Transilvania
el paso franco, seguro (382b)

---

[132] Arjona, "Improper Use of Consonantal...," p. 29.

el pecho indinado, iracundo,
del Gran Señor, cuya ira
saldrá amenazando al mundo (382b)

que en los pechos obstinados
de algunos príncipes hacen
sus cartas y sus legados (412a)

que el Pontífice romano
os le invía, y yo os lo pongo
en su nombre con mi mano (412a)

quede por el suelo llano
y libre toda la Europa
del yugo infame otomano (412b)

There are the following seven examples of false Andalusian rhymes: [133]

¿No es éste Selín? El *es*,
y el gallo de sus hermanos;
pero no tuvo esta *vez*
para defenderse manos,
ni para escaparse *pies*. (370b)

que tú, que eres el valor
hoy de las armas *turquescas*
y su supuesto mayor,
que como tal no *obedescas*
lo que manda el Gran Señor. (371b)

por agora, si os *parece*,
que la quiero para mí,
que no quiero otro *interese*
de la feria.
      Sea así.
Más que eso el Marqués merece (385a)

de mis compañeros *pienso*
que vivos les enterró,
y que la pared les dió,
para mortaja su *lienzo*. (386a)

---

[133] Cf. Arjona, "False Andalusian Rhymes...," p. 305.

>   Tuvo noticia el *Marqués*
>   del mayordomo traidor,
>   según me dijo *después*,
>   que iba por embajador
>   a Praga segunda *vez*   (395a)
>
>   Niña, si tú me *dijeses*
>   una verdad...
>   ¿No se va?
>   Pues quédese mucho acá,
>   llevará su pan con *nueces*.   (400b)
>
>   El diezmo, sin duda alguna,
>   os pago como a Dios *mesmo*,
>   y aun más os pago que *diezmo*
>   si os doy catorce por una.   (408a)

The rhyme words of the *comedia* include an excessive number of autorhymes. The eighty-six which appear in the play exceed Lope's maximum of sixty-four in any one authentic play.[134] Many of the strophes in which the autorhymes are employed are also defective in other aspects, and some of the autorhymes which are used here never are found in authentic Lope *comedias*:

>   En parte alabo mi *suerte*,
>   porque si un hermano cruel
>   me ha tratado desta *suerte*,
>   otro tengo en ti tan *fiel*
>   que se duele de mi muerte   (370a)[135]
>
>   Antes de una hora, Sinán,
>   le has de tener preso o *muerto*.
>   No haré, en ley de capitán;
>   hartos hermanos le he *muerto*;
>   mátale tú a Solimán.   (371a)
>
>   De tan poquito te alteras,
>   que parece que te *burlas*;
>   pero tú ¿no consideras
>   que si me ofendes de *burlas*
>   te puedo matar de veras?   (371b)

---

[134] Cf. Arjona, "The Use of Autorhymes...," p. 301.
[135] The second to the last verse of this strophe contains monosyllabic *fiel*.

Y contadme la ocasión,
si por ocasión ha *sido*
vuestra cólera y pasión.
Ferrad, [que] la causa ha *sido*,
te dará mejor razón. (371b)

¿Tú no dices que es muy *justo*
que yo obedezca a mi rey
y que es ley la de su gusto?
Esto es justamente ley;
tú te condenaste al *justo*. (372a)

cuando por tantos *trofeos*
tu buena fortuna sopla
las velas de tus deseos
y te alza Constantinopla
simulacros y *trofeos*; (372b)

Denme el arco con la *flecha*
que fué de Otomán, mi abuelo,
y pues mi brazo la *flecha*
confirme mi imperio el cielo
como va firme y derecha. (373b)

Que mi valor no consiente
que ese Rodulfo se *nombre*
emperador del Poniente
no teniendo más del *nombre*
y un pobre reino sin gente. (377a)

¡Oh, Santo Alá! ¡Oh de mi *guarda*!
¡Villanos!
      ¡Señor!
           Decí:
¿quién salió agora de aquí?
De aquí, nadie.
        ¡Bien se *guarda* (378b)[136]

Y dile a ese Turco *infiel*
que, como soy Sigismundo,
salgo al mundo en busca *dél*,

---

[136] One of the rhyme words in this strophe is the imperative with the loss of the final -d (*decí*).

y que se salga del mundo
antes que lo saque *dél*.   (382b)[137]

Donde hay fuerza y tanta *fuerza*,
¿qué derecho puede haber
que con ella no se tuerza?
Y más, que se ha de atender
al menor daño por *fuerza*.   (384a)

Pues ¿en qué estribo? ¿Qué es *esto*?
Las paces quiero aceptar
del Turco, pues conservar
podré mi reino con *esto*.   (389a)

Salva esta copa si estás
salvo de ella.
            Haréla *salva*,
pues mi inocencia me *salva*.
Yo sé bien que no la harás.   (389b)

¡Ah, Cielo piadoso y *justo*!
¿Qué maravillas son éstas
que hoy al mundo manifiestas
por un príncipe, que al *justo*   (390a)

que al Marqués todos los siguen
¿Ah, soldados de mi *guarda*,
si hay alguno que me *guarda*
donde tantos me persiguen?   (391b)

y despachó tras de *mí*
quien me prendiese, y tras desto
procediendo contra *mí*
condenóme a muerte, y puesto
cuasi en la horca me ví   (395a-b)

Pero, tú, ¿cómo has dejado
el reino?
        ¡Pobre de *mí*!
Bien sabéis lo que ha pasado.
El reino me dejó a *mí*.
Ya yo estoy bien informado.   (395b)

---

[137] The first verse contains *infiel* with diphthong.

quién es el Príncipe.
                Y *él*
sabrá premiaros por ello.
¡Oh, vasallo noble y *fiel*!
Mucho debes de querello.
Daría la vida por *él*.   (396a)[138]

(¡Válame Dios! ¿Qué *negocio*
tiene con el Cancelario
mi padre, que es necesario
tratarlo aquí?)
               Yo *negocio*   (398a)

agravios. Ved qué *queréis*
de mí, que voy muy de paso
Ya es muy tarde.
               No hace al caso.
Descansá un rato.
               Queréis   (400a)[139]

Señor, pues soy tu vasallo,
quiero acompañarte.
               Acaba.
(La paciencia se me *acaba*.)
Haré ensillar un caballo.   (400a)

que confites para hacer
la maya hogaño con *ella*.
Toma un doblón para *ella*.
Pues mire; habrá de saber.   (401a)

que están agora *diciendo*
que esta noche han de matalle
con un arcabuz.
        ¿Quién?
               Calle,
que ya se la voy *diciendo*.   (401a)

¡Bien nuestro Príncipe *casa*!
Llámase Cristerna, y es
cristianísima.
           ¿No ves
que es muy hija de su *casa*?   (403b)

---

[138] The third verse of this strophe contains monosyllabic *fiel*.

[139] The fourth verse contains an imperative with the loss of final *-d* which is necessary for the syllable count.

Hoy, con lo que pienso hacer,
he de acabar con mis *Grandes*;
que he de ver si son más *grandes*
ellos que no mi poder.   (404b)

Hoy veré, después que *reino*,
mi buena o mala fortuna,
porque he de acabar a una
con ellos o con mi reino.   (405a)

Pero cuando entréis por *ella*
esta carta habéis de abrir
y obedecer y cumplir
lo que os mando hacer en ella.   (405b)

Como vos sois General.
Obedeced esa *firma*
si conocéis quien la *firma*.
Conózcola, por su mal.   (407a)

Firma esta carta.
                    ¿Mi *firma*
te es de importancia?
                       Mas quiero
que se la leáis primero
por que sepa lo que *firma*.   (408b)

que te pareciese a *ti*
a tomar la posesión
desas fuerzas.
              Es razón
que todas estén por *ti*.   (408b-409a)

¿Qué os parece? Con qué *industria*
las fuerzas nos ha quitado
del reino.
           Estoy admirado
del suceso.
              Dios le *industria*   (409a)

Allí do viniendo a *brazos*
con un escuadrón formado
los haga a todos pedazos,
y do estaré mas honrado,
Princesa, que en vuestros *brazos*.   (411a)

Pero si es la brevedad
con que vuestra alteza *parte*
mucha, no es mucha, en verdad,
que siente el alma su *parte*,
pues se parte la mitad.   (411a)

vengo a servirte con *ellos*,
y con mi persona. Hoy
tu vasallo, señor, soy,
los demás díganlo *ellos*   (413a)

que no está el Sinán con *él*.
¿Qué ¿No hay quien me avise, amigo
del ejército enemigo
estando tan cerca *dél*?   (415a)

Has estado sin dormir
treinta horas a *caballo*
que no sé cómo el *caballo*
te pudo, señor, sufrir   (416a)[140]

Bien decís, dejadme *aquí*,
sobre esta atocha un momento.
Señor, en mi alojamiento
dormirás mejor que *aquí*.   (416a)[141]

Paréceme que en tu *campo*
otros mejores están,
¿Tan mal duerme, Capitán,
quien duerme en cama de *campo*?   (416a)

dame la muerte, pues *vengo*
a pagar con ésto yo
la poca culpa que tengo.
Venid, Visir, que yo *vengo*
injurias, desgracias no.   (419b)

Casada la tengo ya
con un Grande.
              ¿Con un *grande*?
Sí.

---

[140] Lope never uses this autorhyme in his plays. Cf. Arjona, "The Use of Autorhymes...," p. 301.

[141] Cotarelo y Mori has *aquí* in the last verse. The MS. fol. 56, col. b., however, seems to have *ai*.

(Para mí/harto grande
esta desdicha será.) (420a)[142]

después que pasó por *ella*,
que dos jornadas entré
la tierra adentro y no hallé
rastro de enemigo en *ella*. (421a)

There is a systematic dropping of final -*d* of informal imperative plural for syllable count or rhyme of the strophe:[143]

¡Oh, Santo Alá! ¡Oh de mi guarda!
¡Villanos!
    ¡Señor!
        Decí:
¿quién salió agora de aquí?
De aquí, nadie.
      ¡Bien se guarda (378b)

pues la han cumplido y guardado
los príncipes que hasta aquí
en Transilvania han reinado.
¿Quién hizo tal ley, decí?
Solimán, que en este estado (384a)

Descansá un rato. ¿Queréis (400a)

Poned en ejecución
lo que os mando aquí. Escuchá,
capitán.
    Señor, no habrá
descuido ni dilación. (409a)

Apelo de su rigor
a su clemencia.
      Acabá,
que os está aguardando ya
el verdugo y confesor. (409b)

Hoy me parto en este día
allá Valaquia. Decí,

---

[142] Hiatus must occur before *harto* in the third verse of this strophe. Also, Lope never uses this autorhyme. Cf. Arjona, "Did Lope... *El lacayo fingido*," p. 45.

[143] Cf. *Acad. N.*, V, xxii.

esposa y señora mía,
¿no estaré mejor allí
que no en vuestra compañía? (411a)

Empezá a tener paciencia (411a)

¿Duermes, Mahoma? ¿Es posible
lo que me dices? Marchá.
Prodigioso es ¡Por Alá!
Este príncipe invencible. (414a)

Una carta tengo aquí
que los cautives te escriben;
sospecho que te aperciben
que vayas luego.
           Decí (421a)

In the following verses the final -*d* is dropped, but this does not affect syllable count nor rhyme:

Tené. ¿Qué es esto, Sinán? (371b)
Corré, que se está abrasando (385b)
Por Príncipe a... Tené, Marqués. ¿Qué es esto? (392b)
y pasá la retaguardia (416a)

There are four instances in which the dramatist uses assonantal rhyme in strophes which normally employ consonantal rhyme. Lope avoided this defective rhyme practice: [144]

Pregónese a sangre y fuego
la guerra, y mis gentes *todas*,
Sinán, prevénganse luego,
belerberes y *varlobas*
de todo el Imperio griego. (377a)

Veráste, señor, *monarca*
del mundo, y pondréte en tanto
a Roma y a su *patriarca*
a tus pies, y a todo cuanto
mira el sol y el cielo *abraza*. (377a)

Y este capitán que *dice*
no tiene manos ni pies,

---

[144] Cf. Arjona, "Defective Rhymes...," pp. 126-127.

> porque es estugafotulés
> el capitán que lo *rige*. (413b)
>
> ¿Que se hizo el Sinán?
>   Huyó.
> Yo le vi pasar a *nado*
> el Danubio.
>   Y *arrastrando*
> le vi por el campo yo. (417b)

The following enjambements are not characteristic of Lope's *comedias*:

> y sólo prometo que
> veré, venceré y vendré (380a)[145]
>
> habiendo antes dicho que
> ha de celebrar el día (406b)
>
> venceros mil veces? ¿No
> se ha echado muy bien de ver? (388b)[146]
>
> Que el Príncipe ha dejado el reino.
>   No
> puedo persuadirme a semejante (392a)
>
> ¿Yo, conde, señor?
>   Sí.
>   Pues
> tales mercedes y tantas (421b)[147]

---

[145] Cf. Arjona, "Ten Plays...," p. 334.
[146] Cf. Arjona, "Two Plays...," p. 390.
[147] *Ibid.*

SANTO ANGELO

Cotarelo y Mori, the modern editor of *Santo Angelo*,[148] believes the play to be the same as *San Angel, carmelita* which Lope mentions in his second *Peregrino list*:[149]

> Con el Rótulo de *San Angel, carmelita*, hallamos en la segunda lista de Lope una comedia que seguramente será la que se estampa en este volumen con el de *Santo Angelo*, pues de este antiguo padre del Carmelo se trata en ella.[150]

The manuscript upon which the Spanish editor bases his edition is located in the Biblioteca de Palacio in Madrid. The manuscript is in a poor state of preservation and is bound in a volume of plays with some of the pages out of order. The *Academia* edition offers many corrections of the faulty manuscript, and often makes these without noting that changes have been made. In many instances such enmendations are not necessary, and often these make verses which could otherwise not pass for Lope's work into good Lope verses. These will be noted throughout the study of the authenticity of the play.

---

[148] *Acad. N.*, I, x, 460-480.
[149] Cf. S. Griswold Morley, "Lope... *Peregrino Lists*," p. 354.
[150] *Acad. N.*, I, x.
[151] Ms. II-464.
  Siglo XVI (finales), 13 hojas (fols. 41r-53v). 295 × 175 a 2 cols. Copia incompleta, termina: "Y ansí cuanto en el dijistes..." En el manuscrito no consta el autor.
  Justa Moreno Grabayo and Consolación Morales Barrero, "Obras de Lope de Vega...," p. 351.

Rennert agrees with Cotarelo y Mori that the *comedia* "is probably ... the play cited in the list of 1618 as *San Angel, Carmelita*. It is Lope's undoubtedly, but the text is exceedingly corrupt...."[152] Morley and Bruerton accept the play with reservations:

> *San Andrés Carmelita* in P may be a misprint for the same title, although both St. Andrés of Corsini and St. Angelus were Carmelites. The text is bad. If Lope's meters and percentages have been preserved, the play is: before 1605.[153]

The orthoepy and rhyme practices of the play contain many elements which are not characteristic of Lope's authentic plays. If it is by Lope, the *comedia* has undergone such changes that it could not resemble the original work in many respects.

In the following octosyllabic verses there must be aspiration of *h-* in an atonic position[154] and hiatus or the syllable count of the verse is incorrect:

de nada, que me/ haréis	(462a)
¡Oh,/hideputa, ladrón!	(463b)
de/ hundir con tantas voces	(463b)
por un rapaz de/ holgarnos	(463b)
Aqueso/ habéis de/hacer	(476a)[155]
paga, pues, lo que/ heciste	(478b)
no rehusará de/ hacello	(469a)[156]

The same must occur in this hendecasyllable:

es, las rodillas en tierra/ hincadas	(467b)

In the following verses there is either aspiration of atonic *h-* or other unusual hiatus occurs within the verse (the last three are hendecasyllabic):

---

[152] *Modern Language Review*, XII (1918), 118.
[153] *Chronology*, p. 339.
[154] Cf. Poesse, pp. 76-77, Morley, "Ortologia...," p. 538.
[155] Hiatus could occur either before *habéis* or *hacer*, neither being Lopean.
[156] There are two possible ways to make this verse an octosyllabic verse, neither being Lopean. *Rehusará* could contain dieresis, or there could occur aspirate *h-* in the atonic position. Lope always uses syneresis in forms of this verb when the stress does not fall on the *u*. Cf. Poesse, p. 20.

te/ haré que/ estés sujeto	(463a)[157]
pues de/ ese rostro/ hermoso	(471a)[158]
será/ imposible/ hallalle	(474b)[159]
Pero lo que/ en esto/ hacer podemos	(467b)
por que no pierda/ un alma que/ hicistes	(472a)
Porque las cosas que/ en él ha/ hablado	(467a)

Hiatus before or after intervocalia *he* and *ha* (when the following vowel is atonic) does not appear in Lope's autographs.[160] In the following verses hiatus must occur. In the last verse there may be hiatus either before *ha* or between two unstressed vowels:[161]

El amor, que me/ ha/ herido	(471a)
Nuevamente me/ ha/ herido	(479a)
porque/ aquel que/ a mí me lo/ ha/enseñado	(471b)

Hiatus before *he*, *hay*, or *ha* is not characteristic of Lope's plays. In the following verses there must occur hiatus, or in the last two verses there is aspiration of *h-* and hiatus in an atonic position. In the first two verses there would be hiatus between two unstressed vowels it hiatus before *ha* and *hay* did not occur:[162]

de vida/ al que/ ha trocado	(478b)
Pues no/ hay enmienda/ en ellos	(468b)
Pues yo/ he de/ hacer mi gusto	(479b)
No; porque se/ ha de/ hacer	(466a)

Hiatus before *hasta* must occur in this verse:[163]

empero/ hasta mañana	(465b)

---

[157] In this verse and in the last three of this group hiatus would have to occur between two unstressed vowels if the *h-* were not aspirate. Cf. Poesse, p. 67.

[158] Hiatus between *de* and *ese* does not normally occur in Lope's plays. Cf. Poesse, p. 70.

[159] Between a final tonic and an initial atonia vowel Lope usually prefers synalepha. Cf. Poesse, p. 73.

[160] Cf. Poesse, p. 79.

[161] *Ibid.*, p. 67.

[162] *Ibid.*, pp. 69, 79, n. 28, 76-77, 67.

[163] *Ibid.*, p. 77.

Synalepha usually occurs before words which began with *g* in Latin. In this verse there must occur hiatus before *hermano*: [164]

        Dichoso,/ hermano, vos   (480a)

Many other instances in which non-Lopean hiatus occurs support the conclusion that Lope did not write *Santo Angelo* in the form in which it is today preserved. The following examples of hiatus between two unstressed vowels cannot be attributed to Lope: [165]

[a] Angelo, / a quien ya gloria/ aseguro	(467b)
a/incitar al mundo/ a penitencia	(467b)
Llanamente/ está claro	(470a)
si no/ es que/ en daño mío	(471a)
añadiendo/ un mal a otro/ infierno	(471a)
y/admiro/ el dios su/ autor primero	(472a)
La/ opinión que sigues y defiendes	(472a)
¡Pobre mozo! ¡Cómo/ estás dañado!	(472a)
y ponerlo/ en aquel cuyo gusto	(472a)
que predicar le/ oían	(473a)
porque/ en esta/ ocasión	(476a)
no me da/ aqueso pena	(476b)
Advertid lo que/ os digo	(480b)

Hiatus between a final tonic vowel and an initial atonic vowel is not the rule in Lope's authentic *comedias*. [166] In the following verse such hiatus must occur or the syllable count of the verse is incorrect:

        los visitó/ y juntó   (473a)

In this verse hiatus must occur either between two unstressed vowels or between a final tonic vowel and an initial atonic vowel: [167]

        Vamos de/ aquí./ En buen hora.   (478a)

---

[164] *Ibid.*, p. 62.
[165] *Ibid.*, p. 67.
[166] *Ibid.*, p. 73.
[167] *Ibid.*, pp. 67, 73.

Hiatus is unusual between *de* and *hombres* and between *de* and *ese, este*, etc.[168] In these two verses there must occur such hiatus:

>
> de/ estas dos joyas bellas (466b)
> hecho de/ hombre discreto (478a)

One case of unusual synalepha occurs:[169]

>
> en el mal firme y en la voluntad vario (478b)

The treatment of certain individual words in *Santo Angelo*, in addition to the almost systematic aspirate *h-* in the atonic position, indicate a hand other than Lope's.

Do is used for *donde*[170] in the following four verses:

>
> este reino, do ha esparcido (473a)
> ¡Oh, mi Dios! Dó os hallaré? (475a)[171]
> al reino do moráis Vos (468b)
> y en la parte do habitaban (473a)

Criado only appears once with diphthong in Lope's autographs, and Poesse doubts that it is a bisyllabic word in this one instance:

>
> yo voy con v(uest) ra licencia
> a buscar un criado mio,

By license, synalepha may occur between two verses according to Robles Degano... although he frowns on it... Morley... does not admit this type of synalepha. If *a* is absorbed by *licencia, criado* becomes a trisyllable which it is in all its other appearances.[172]

---

[168] *Ibid.*, pp. 54, 60, 70.

[169] "Hiatus always results when *y* is intervocalic, whether it ends or begins a word or separates words..." Poesse, p. 76. The MS., however, differs here; it has the following verse: en el mal firme y en la virtud vacio. (MS. fol. 47, verso. col. b.)

[170] Cf. Fichter, "Orthoepy...," pp. 152-153, n. 10.

[171] *Donde* appears in the MS. fol. 45, verso, col. a. The verse count, however, demands that *do* be used.

[172] Poesse, p. 39, n. 75.

In the following verses in *Santo Angelo* the word must occur with diphthong or the syllable count of the verse is incorrect:

que yo, por mi mal, he criado	(473b)
es por no conocer a quien te ha criado	(471b)[173]

Desear, desean, leelda, veo, with syneresis, as they must appear in the following verses, are contrarp to Lope's orthoepic practices:

y no hay más bien que desear	(475a)
desean licencia les deis	(468b)
¿De él es? Sí. Pues leelda vos	(465b)
Y veo el alegre verano	(479a)

Diphthong of *-ia* in imperfect and conditional endings of *-er* and *-ir* verbs is contrary to Lope's preference.[178] In the following verses the verbs must contain diphthong:

a quien tenía por amigo	(480b)
incurriría en gran pecado	(469a)

The use of the following words is not typical of Lope:[179]

desnudos en la calle los *pornemos*	(463a)
que lo *terné* a dicha buena	(479b)
por qué *ansina* os maltratáis	(479a)

The following words with dieresis are not in keeping with Lope's preferences: *gloriosa, criador*:[180]

Digo que sois criador	(480a)
De la Virgen gloriosa	(473a)

---

[173] The MS. fol. 43, recto, col. b. has the verse with *a* missing, yet as the editor of the *Academia* notes, *a* is necessary for the sense of the verse.
[174] Poesse, pp. 27, 29.
[175] *Ibid.*, p. 22.
[176] *Ibid.*, p. 27.
[177] *Ibid.*, pp. 24, 25.
[178] *Ibid.*, pp. 35, 37, 38.
[179] Cf. *Acad. N.*, V, xxii, and Arjona, "Ten Plays ...," p. 330.
[180] Poesse, pp. 39, 20.

These words with syneresis are not usual in Lope:[181]

de los dos, *mía* y de mi hermano	(478b)
nos podrá *maestros* sacar	(469b)
¡Qué *suave* olor sale de ella!	(472b)

The presence of false Andalusian rhymes and the excessive number of strophes in which consonance and assonance are both employed cast more doubt on the authenticity of *Santo Angelo*. There are twelve instances of the mixture of consonance and assonance:[182]

(*Redondilla, -o*)
vivos?
      Vivos, padre, son.
Oíd, que viene el Prior.
¿Quién es, padre, ese señor
que entrar quiere en religión?   (463a)

(*Terceto, -e, -e*)
Los dos aquí y vosotros allí frente
se pongan, y sea presto, que ya viene
uno que de este caso está inocente.   (463a)

(*Redondilla, -i, -a*)
Mas ¿quién mi furia refrena?
Sacalde luego la lengua,
pues se atreve a poner mengua
en ley que es tan santa y buena.   (463b)

(*Redondilla, -a, -e*)
A Roma fui a buscarte,
porque me dijo tu paje
que hacia allá era tu viaje;
pero nunca pude hallarte.   (465a)

(*Terceto, -e, -o*)
Pero no quiera Dios del universo,
estando de maldad y vicios lleno,
se acabe en tiempo al hombre tan adverso.   (467a)

---

[181] *Ibid.*, pp. 34, 37, 26, 28, 42, 44.
[182] Cf. Arjona. "Defective Rhymes...," p. 127.

(Redondilla, -a, -o)
No nos sea el Papa avaro
en lo que le demandamos,
pues que tu fe profesamos
ser ambos a dos amparo.   (467b)

(Redondilla, -o)
Baste, padre, por mi amor,
que esto permítelo Dios;
pero no somos los dos
dignos de tanto loor.   (470a)

(Redondilla, -e, -o)
Esto tené por muy cierto,
Sin que lo juréis lo creo.
Pues aunque me veis y os veo,
lo tengo por caso incierto.   (470b)

(Redondilla, -a, -o)
Con su hermana
está el pobre amancebado,
muy contento y descuidado
de que Dios lo está mirando.   (473b)

(Redondilla, -o)
Cese el llanto, por mi amor,
y tené confianza en Dios,
que os haré apartar los dos
de tan ciego y torpe error.   (473b)

(Redondilla, -a, -o)
Allá será bien que vamos.
¿Qué es aquesto? ¿Habéis [la] hallado?
Señor, seáis bien llegado.
Albricias te demandamos   (477b)

(Redondilla, -e)
(Este gran misterio es.
No hizo mi parecer.)
(¡Por Dios, que lo debe ser,
pues que lo encubre a los tres!)   (480b)

Arjona reports the use of three false Andalusian rhymes in the text:[183]

---

[183] Cf. Arjona, "False Andalusian Rhymes...," p. 304.

Que me concedáis un don
por quien sois os pido, y *es*,
Hijo, que por esta *vez*
alcancen de vos perdón.   (468a)

Y ¿qué es la causa señor,
de que alabes mi *belleza*?
Es la causa el estar *presa*
mi alma de vuestro amor.   (470b)

Ciegos deben ser, *pardiez*.
Gentes oigo hablar aquí.
¡Por que no miráis, decí,
adonde ponéis los *pies*?   (477a)

The dropping of final -*d* of the imperative, to which Cotarelo y Mori objects in *El esclavo fingido*,[184] appears many times in *Santo Angelo*, many times being necessary for the syllable count or the rhyme scheme. In these verses the loss of final -*d* is not necessary:

Alegráos, tomá reposo   (462a)
Tené, que ya habéis llegado   (462b)
Mas decí: ¿podéis llevar   (463a)
Pláceme; comenzá vos   (467b)
Abrazános, padre nuestro   (469a)
Sino mirá que sois Dios   (468a)
Concedéme, si os da gusto   (472b)
respondéme a una razón   (472b)
Esto tené por muy cierto   (470b)
y tené confianza en Dios   (473b)
Birla vos. Mal tiro he hecho   (477a)
Callá, que agora empezamos   (477a)
perdoná, porque no ha sido   (477a)

In the following examples the final -*d* of the imperative has been dropped either for the syllable count of the verse or for the rhyme scheme of the strophe:

Aguijad, subid subi[d,]
subid, no os mostréis escasos,

---

[184] *Acad. N.*, V, xxii.

alargá un poco los pasos,
porque me conviene así. (462b)

Dalde dos pares de coces,
y echalde de aquí, acabá,
que imagino que nos ha
de hundir con tantas voces. (463b)

Tocá ese cuerno, señor (464b)

Perdoná al que de esta suerte (475b)

Birlá, presto. ¡Tene, tené!
No metáis tanto, la mano.
¿Ya me perseguís, Silvano?
Mi bien procuro, creé. (476b-477a)

Ciegos deben ser, pardiez.
Gentes oigo hablar aquí.
¿Por qué no miráis, decí,
adonde ponéis los pies. (477a)[185]

llorá aprisa, corazón (478b)

Volvé a vuestro amor primero (479a)

Dejá el grosero sayal (479a)

¡Oh, señor! ¿Cómo es aqueso?
Danos de ello cuenta aquí.
Por el camino vení,
y sabréis todo el suceso. (480b)

En la mañana os podréis
ir todos juntos.
              Sea ansí.
Pues al convento vení,
amigo, y descansaréis. (466a)

Cumplí el numero de tres [186]

---

[185] This strophe also contains a false Andalusian rhyme.
[186] The *Acad. N.* editor reports this verse: cumpli el numero tres (462a). The verse here, as it appears in the MS. fol. 49, verso, col. b., has the loss of the final -d so that synalepha may occur between *cumplí* and *el,* or the syllable count of the verse is incorrect.

There is an excessive number of strophes in which the dramatist employs assonantal rhyme for consonantal rhyme, a defect which Lope avoided: [187]

> Viendo al bravo corazón
> del bruto y su furia brava,
> no quise que se escapara
> sin gozar de la ocasión. (464a)

> Y a Pedro, coluna fuerte
> de mi Iglesia, como yo
> en una cruz padeció
> también afrentosamente. (468b)

> Buenos están ya, Silvano.
> Este bolo enderezad.
> ¡Ea! Vamos a jugar
> por ver quién lleva la mano. (476a-b)

> Y arrima el de la concordia
> y de la bondad inmensa,
> a quien te hizo la ofensa,
> que gozar merezca gloria. (479a)

> que, en recibiéndola, intento
> ir a Secilia a buscar
> el que a la tierra ha de dar
> de aqueste cuerpo aposento. (470b) [188]

> Debo yo ser dello indino.
> ¡Mano tan santa y tan bella!
> ¡Qué suave olor sale de ella!
> Es, al fin, olor divino. (472b) [189]

The following enjambement is not typical of Lope:

> que imagino que nos ha
> de hundir con tantas voces (463b) [190]

---

[187] Cf. Arjona, "Defective Rhymes...," pp. 126-127.
[188] MS. fol. 42, verso, col. b., has the first verse: que en recibiéndola pienso. This makes the rhyme assonantal rather than consonantal as the modern editor has with *intento*.
[189] MS. fol. 44, recto, col. a., has the second verse: mano tan santa y tan buena.
[190] Cf. Arjona, "Ten Plays...," p. 334.

EL REY FINGIDO Y AMORES DE SANCHA

El rey fingido y amores de Sancha is attributed to Lope in the only extant form of the play, a manuscript copy in the Palacio Nacional in Madrid.[191] This manuscript has served as the basis of the modern edition done by Cotarelo y Mori in the *Academia* series.[192] This editor notes that the play was attributed to Lope by Mesonero Romanos,[193] but in Cotarelo's opinion, "quedó como dudosa ... en cuanto a serlo de Lope de Vega."[194] Cotarelo y Mori accepts the *comedia* as an authentic Lope play because the manuscript copy bears his name:

> Pero habiendo ahora parecido la comedia con el nombre de su autor y las internas señales que le dan autenticidad, no debe ya vacilarse en enriquecer con ella el caudal dramático del gran poeta. Pudiera ser esta obra la que con título de *La palabra mal cumplida* en *El Peregrino* de 1603, porque de la falta de cumplimiento de un compromiso verbal se deriva el argumento de la fábula en la comedia.[195]

Rennert cites the work as doubtful in his *Bibliography*,[196] and in his review of the *Academia* publication feels that he can

---

[191] II-461. Siglo XVI (finales), 21 hojas (fols. 33r-53v), 210 × 150, a 2 cols. y línea tirada.

Justa Moreno Garbayo and Consolación Morales Borrero, "Obras de Lope de Vega...," p. 350.

[192] *Acad. N.*, I, ix-x, 422-459.

[193] *Biblioteca de autores españoles: Dramáticos posteriores a Lope*, II, xlv.

[194] *Acad. N.*, I, ix.

[195] *Ibid.*, pp. ix-x.

[196] *Bibliography of the Dramatic Works of Lope de Vega Carpio* (New York, 1915), p. 234.

"say, almost without hesitation, that it is not Lope's. The versification does not bear the slightest resemblance to the style of Lope; it is generally wooden and mechanical.... The poverty of the rhymes is striking; *Portugal* rhymes always (at least ten times) with *mal*."[197]

Morley and Bruerton, on the basis of the strophic patterns, "do not believe the play is Lope's."[198] The results of an examination of the orthoepy and the rhyme patterns add additional evidence for rejecting the authenticity of the *comedia*.

The numerous examples of aspirate *h*- in an atonic position[199] are sufficient for rejecting the attribution of the play to Lope. In the following verses, some of which have been changed from the manuscript for the *Academia* edition, aspirate *h*- in an atonic syllable must occur or the syllable count is incorrect:

Porque te/ halló/ hablando	(422b)[200]
a la princesa/hablaba	(423a)
su/ hermano, que/ heredaba	(423a)[201]
que con el Duque/ heciste	(429a)
que bien puedo/ hablar claro	(429a)
¿Qué/ habemos de/ hacer?	(438b)[202]
a no sé qué que/hablé	(438b)
y/ haceros caballero	(439b)
flores, y/ hablar de vicio	(440a)
que yo/ haré lo que resta	(441b)
Ella prometió/ hacello	(444a)
¡Ah,/hideputa, ladrón	(450b)
del tiro que me/hiciste	(451a)
que me/ halláis de partida	(454a)
que sé yo que me/ hiciera	(457a)
Reinad y/ hacé justicia	(454b)
Porque con la/ hermosura[203]	

---

[197] *Modern Language Review*, XIII (1918), 117-118.
[198] *Chronology*, p. 335.
[199] Cf. Poesse, pp. 76-77.
[200] Hiatus is needed in two places, before *halló* and *hablando*.
[201] Hiatus is possible before *hermano* and *heredaba*. Lope, however, does not employ hiatus before *hermano*. Cf. Poesse, p. 62. Therefore, this verse which is found on p. 456a is also non-Lopean: Fabio, / hermano de Rey.
[202] Hiatus before either *hacer* or *habemos* is possible but both are non-Lopean.
[203] As the editor notes, *la* appears in place of *vuestra* in the manuscript. *Acad. N.*, I, 437a.

si no dieron a/ huír [204]
lo que sé que/ haré cierto [205]
y/ holgarse por reír [206]

In the following hendecasyllabic verses the same hiatus must occur:

a solas con el Rey está/ hablando	(445b)
y yo/ haría con Martín de modo	(453a)

In these ten verses there is either aspirate h- in an atonic syllable or hiatus between two unstressed vowels: [207]

como/ está, no/haré poco	(425b)
éste de/ hablarme/a mí?	(436b)
justa/ocasión de/hablaros	(436b)
Si/ es que tenéis de/ hacello	(445a)
¿Qué dijo/ el pueblo?/ Holgóse	(447a)
la que/el Marqués le/hacía	(450a)
para/ hacer todo/ aquello	(456a)
a/ hacer justicia/ y ley	(456b)
que/ hiciera lo que/ es ley	(457b)

The following verses would require hiatus between a final tonic vowel and an initial atonic vowel if atonic h- were not aspirate: [208]

¡Triste! ¿Qué/ haré/ en esto?	(426a)
Yo lo/ haré/ a buena ley	(436b)

This verse must have either aspirate atonic h- or hiatus between a final atonic vowel and an initial tonic vowel: [209]

y/ esto yo lo/ haré llano	(429b)

---

[204] The verse appears thus in the MS. fol. 77, col. a. Cotarelo y Mori (435a) changes it to read: Sino se dieron a huír.

[205] MS. fol. 84a, col. a., *Acad. N.*, I, 441b has the verse: Lo que sé que haré por cierto.

[206] MS. fol. 91, col. b., *Acad. N.*, I, 448b has: y holgarse para reír.

[207] Cf. Poesse, p. 67.

[208] *Ibid.*, p. 73.

[209] *Ibid.*, p. 68.

Lope's preference is normally for synalepha when a tonic final vowel precedes an initial tonic vowel.[210] In this verse hiatus must occur between two such vowels or there is an atonic aspirate *h-*:

>   Sí/ haré,/ aunque no por más   (438b)

The following verses must contain hiatus before or after intervocalic *a*, *ha*, and *he*.[211] In the last six verses hiatus between two unstressed vowels[212] occurs if there is no hiatus with *ha*, *a*, and *he*.

Mucho, Marqués, me/ he/ holgado	(429a)
Si/ a/ hablarte de vergüenza	(441a)
sin que/ a/ hablarte te/ impida	(441b)
que/ a/ hablarte no me/ atrevo	(443a)
me/ obliga/a/ obligarte desta forma	(452a)
Pues, ¿de qué/ha/ importado, si/ el ponerme	(446a)
me/obligo /a/ hacer por ti	(441b)
Porque torna/a/ afrentarme[213]	

Hiatus is imperative in this verse either before of after intervocalic *ha* or between a final tonic vowel and an initial atonic vowel:[214]

>   Diré/al Rey que ella se/ha/ escondido   (452b)

Hiatus before *he*, *ha*, and *hay* is rare in authentic Lope texts.[215] There are no examples of hiatus before *haya*.[216] In the following verses such hiatus must occur, or equally non-Lopean hiatus occurs before aspirate *h-* in the atonic position, or between a final vowel tonic and an initial atonic, or between two unstressed vowels:

hasta que/ haya/ hallado	(435a)
y pues por ti/ he de/ hacer	(443a)
Que si te/ he de/ hablar claro	(443a)

---

[210] *Ibid.*, pp. 73-78.
[211] *Ibid.*, p. 79.
[212] *Ibid.*, p. 67.
[213] MS. fol. 80, col. b. In the *Academia* edition the verse appears: porque tornaba a afrentarme. (438b)
[214] Poesse, p. 73.
[215] *Ibid.*, pp. 69, 79, n. 28, 70.
[216] *Ibid.*, p. 70. In the first verse of this group hiatus must occur both before *haya* and *hallado*.

¿Qué/ es lo que yo/ he de/ hacer? (444a)
Lo que siento más es que/ haya/ estado (446b)
ya ¿qué/ hay que/ hacer, que no nos vamos? (446b)
y sea do/ haya sido (449b)
porque se/ ha de/ hacer más (451b)
Por vida de quien soy, que/ he de/ hacello (452b)
se/ ha de/ hacer al instante (459b)
sabrás que... ¿Qué/ hay? No oso... (430b)
¿Qué fue?/ Hase desmayado (432b)
No lo/ he, porque no reino (447b)
¿Yo? ¿Quién te/ ha dicho tal? (447b)

In the following verses either hiatus is needed before *hasta*, *harto(a)*,[217] or in some instances hiatus will occur before *ha* or between two unstressed vowels:

me llama/ hasta/ el mejor (424a)
que/ industria/ harta se pone (428a)
Por cierto,/ harto mejor (450a)
No se/ ha visto/ hasta/ aquí (455a)
Sólo dura/hasta tanto [218]

The *comedia* contains many examples of unusual hiatus other than before aspirate *h-* in an atonic syllable. In the following verses there must occur hiatus between two unstressed syllables: [219]

Yo soy; pero/ ¿a qué fin (422b)
partamos luego/ al punto (425a)
por que/ os mostréis pujante (425a)
¡Ay, que no/ en balde lloro! (426a)
que/ el Rey de Portugal (427a)
Ponte luego/ en camino (428a)
No/ es cosa que yo deba (435a)
No/ es decir... Habla quedo (435b)
Ya/ el Rey entra. ¡Ay de mi! (438a)
Que/ en fin... Ya yo te/ entiendo (441a)
Sin que/escape ninguno (442a)
Pues, Duque,/ ¿el Rey? El Rey (442a)
A/ aquestos cuatro presos (443a)

---

[217] *Ibid.*, p. 77.
[218] MS. fol. 78, col. a. The *Academia* edition has the following verse: Sólo durará hasta tanto. (436a)
[219] Cf. Poesse, p. 67.

Voime/ a poner de noche	(443a)
Y que fuese/ el tercero/ en mi daño	(445b)
¿Cómo si/ es verdad? ¿Pues yo soy hombre	(445b)
Yo/ os las mando,/ acabá	(453b)
adónde va/ y qué lleva	(455a)
Martín se va/enojado	(456a)

In the following eight verses there must occur hiatus between a final tonic vowel and an initial atonic vowel, or in some instances hiatus will occur between two unstressed vowels. Between final tonic and initial atonic vowels, "Lope's preference is decidedly for synalepha": [220]

¿No/está/ el porqué/ en la mano?	(422b)
dió/ en quereme de hecho	(423a)
y así/ os notifico	(429b)
volviendo de/ aquí/ a Francia	(435a)
Muy... ¿Muy qué?/ Enamorado	(441a)
¿Qué/ os va ni/ os viene/ en esto?	(450a)
¡Noramala/ aquí/ os tengo!	(450b)
Pero ¡va/ está/ en el lazo!	(455b)

An examination of the treatment of the individual word in the *comedia* reveals many divergences from Lope's usual practices, in orthoepic treatment and the use of certain words which rarely appear in his authentic works. The following words with syneresis or diphthong are contrary to Lope's preference: *aí*,[221] *cruel*,[222] *día*,[223] *fiel*,[224] *juicio*,[225] *mío (-a, -as)*,[226] *real*.[227] In these verses the words must contain syneresis or the verses are too long:

Ahí quedó, Llamalde; ves	(448b)
ya vamos ¡Ah, golpe cruel!	(426a)
Marqués, que antes que el día venga	(429b)
Pues cuando sirve el hombre un día de Gila	(446a)

---

[220] *Ibid.*, p. 73.
[221] *Ibid.*, pp. 31, 32.
[222] *Ibid.*, pp. 40, 42, 44.
[223] *Ibid.*, pp. 34, 37.
[224] *Ibid.*, pp. 40, 43.
[225] *Ibid.*, p. 46.
[226] *Ibid.*, pp. 34, 36, 37, 38.
[227] *Ibid.*, pp. 27, 29, 30, 31.

Si algún día os fuere pedido	(455b)
el fiel vasallo que tengo	(423b)
yo, señora, os seré fiel	(431b)
infieles perros, que gocéis la presa	(434a)
El está de juicio falto	(449a)
o diré lo mío y lo ajeno	(425a)
"Serlo —dijo— mía profesa"	(437a)
Toribio, las mías de veras	(440a)
harta flojedad mía fuera	(441b)
¡Albricias, señor! Mías son	(453a)
que ocupan tus reales salas	(425b)
Vuestras reales manos beso	(454a)
Porque a tu real majestad	(454a)

Lope's preference is normally for azeuxis in the imperfect and conditional endings of the -*er* and -*ir* verbs.[228] In the following verses there must occur synéresis in these endings:

mi placer, quería que el preso	(426b)
querría ser de ti ayudado	(441a)
Pues como se vían los dos	(449b)
Por mi fe que tenía yo	(450b)
señor, que podría tener	(454b)
que el tirano tenía presos	(459b)

When two strong vowels occur on a tonic position in a word, Lope employs ezeuxis.[229] In the following verses the word *nao* must be monosyllabic:

nao y navíos sabe hacer	(440a)[230]
caballero y naos serán	(440a)
no hago naos ni caballeros	(440a)
de naos francesas el puerto	(458b)

The nouns *aldea*[231] and *deseo*[232] must contain syneresis in these verses:

---

[228] *Ibid.*, pp. 35, 37, 38.
[229] *Ibid.*, pp. 25, 48.
[230] *Navíos* always occurs as a trisylladic word in Lope's autographs, thus syneresis in this word would be non-Lopean also. Cf. Poesse, p. 36.
[231] *Ibid.*, p. 22.
[232] *Ibid.*, pp. 23, 25.

a vos el *deseo* da guerra (431b)
en esta *aldea*, ¿es esto miedo? (435b)

In the following verses the various forms of the verb *ver*[233] must contain syneresis which is contrary to Lope's practice:

¡Que veo rey a mi vasallo! (425a)
tanto, que se vea morir (428a)
que a tu hermano veo vengado (433a)
no vengan y os vean aquí (434b)
Veamos si lo contrario dice (457a)
Yo veo preso aquí a un villano (458a)

In these verses the same phenomenon of syneresis of two strong vowels must occur in the verbs:

dejados los que poseen (427b)[234]
dío más en creer su mentira (430b)[235]
a reír. Ya vamos tras ellos (451a)[236]
Para que proveas justicia (456b)[237]

Lealtad as a trisyllabic word[238] is non-Lopean:

le quebraba lealtad (450a)

Ruín usually is with syneresis in Lope's autographs. In the following verses it is disyllabic or hiatus between two unstressed vowels occurs:

¿Quién lo mata?/ Algún ruín (438a)
ensánchase!/ En fin, ruín (448b)

The following antiquated verb forms rarely apear in Lope's autograph comedias:[240]

---
[233] *Ibid.*, 23, 24, 25, 27, 29.
[234] *Ibid.*, pp. 25, 48.
[235] *Ibid.*, pp. 27, 29.
[236] *Ibid.*, pp. 31, 32.
[237] *Ibid.*, pp. 25, 48.
[238] *Ibid.*, p. 19.
[239] *Ibid.*, pp. 45, 46.
[240] See *Acad. N.*, V, xxii.

porque ya yo ahí terné (427b)
o buen suceso ternemos (433a)
ternás Duque a disparate [241]
cuando me vide cercado (435a) [242]
que yo la vide primero (453a)
como vide al Rey de partida [243]

Do is used for *donde* three times: [244]

en la fausta do habían de ir (435a)
y sea do haya sido (449b)
era el reino do vivía (450a)

The rhyme patterns of the *comedia* contain many non-Lopean practices. There are forty-five instances of the mixture of consonance and assonance: [245]

(*Redondilla*, -e)
Porque, como sabes bien,
ha propuesto el Rey francés
que, como por interés
a su hija no le den (422b)

(*Redondilla*, -e, -a)
adonde vi la Princesa;
[y] vista, nació de vella
desear casar con ella,
aunque indigno de la impresa (423a)

(*Redondilla*, -o)
y, celoso de su honor,
con dos criados entró,
y como hablando me vió,
encendido de furor (423a)

(*Redondilla*, -e, -e)
que cuando yo acá me quede,
aunque condenado a muerte,

---

[241] This verse appears in the MS. fol. 64, col. b. The *Academia* editor has the verse: tendrás, Duque, a disparate. (423b)

[242] Cf. Arjona, "Ten Plays...," p. 322.

[243] This verse appears in the MS. fol. 79, col. b. The verse is one syllable too long, so the *Academia* editor changed *vide* to *vi*. (437b)

[244] Cf. Fichter, "Orthoepy...," pp. 152-153, n. 10.

[245] Cf. Arjona, "Defective Rhymes...," p. 127.

ya está el negocio de suerte
que el Rey matarme no puede.　　　　　　　(424a)

(*Redondilla, -a*)
¿Qué esposo es el que me das?
Porque, [o] yo imagino mal,
o no es el de Portugal.
Pues si es otro es por demás.　　　　　　　(425a)

(*Redondilla, -e*)
que sólo he de ser mujer
del Príncipe portugués;
y entender que éste lo es,
es falso; no puede ser　　　　　　　　　　(425a)

(*Redondilla, -e*)
y al campo los sacaréis
por la puerta que yo entré,
porque ya yo ahí terné
hombre a quien los entreguéis.　　　　　　(427b)

(*Redondilla, -a, -o*)
¿Que esto paso por lo alto?
Galán, cesen los desgarros,
¡Hola, vayan a los carros!
Luego irán.
　　　　　　¿Luego? En un salto　　　　　(428b)

(*Redondilla, -a, -o*)
Mucho, Marqués, me he holgado
en que me parezcas tanto
en ocasión de tu llanto,
aunque no en la de mi estado　　　　　　　(429a)

(*Redondilla, -e, -o*)
Dad priesa en llevarme al vuestro
y en él nos desposaremos.
Pues no en eso reparemos,
que en todo agradaros muestro　　　　　　(432a)

(*Redondilla, -e*)
Vaya también el Marqués
con vos.
　　　　Yo también iré.
Mas deste cuerpo, ¿qué haré?
Tratarle como quien es.　　　　　　　　　(432a)

(*Redondilla, -e, -a*)
de lo que hice en defensa
de la cautiva Princesa?
Por ellos hecha la presa,
no acudieron en mi ofensa (435a)

(*Redondilla, -e, -o*)
Ahora bien; ensillad presto
y partamos a mi reino,
que, en fin, allí donde reino
remediaré mejor esto (435a)

(*Redondilla, -o*)
Pues ¿de dónde sabéis vos
que yo fuí quien se la dió?
Porque el día que acaeció,
el encontrarnos los dos. (437a)

(*Redondilla, -a -o*)
Pasó, al fin, su descato.
Qué, ¿al fin murió?
     Sin reparo.
Y si es que he de hablaros claro
matólo vuestro retrato; (437a)

(*Redondilla, -i*)
¿Quién da estas voces aquí?
Yo; que matan a Martín.
¿Quién lo mata?
     Algún ruín.
Calla. ¡Hola! Haced así. (438a)

(*Redondilla, -a, -o*)
¿Y qué son?
   Son [dos] hermanos,
¿Hijos de quién?
    De un villano
que me sirve de hortelano
debajo de buenas manos, (439a)

(*Redondilla, -e, -o*)
Agora, volvamos a eso,
Toribio, que saber quiero
lo que un rey a un jardinero
se parece, y habla en seso. (439b)

(*Redondilla, -a, -e*)
No vi cosa semejante.
Admiraré su donaire.
Pues, señor, aún eso es aire.
Más gustarás adelante.   (440a)

(*Redondilla, -e, -o*)
¡Sancha!
          Que, pues, ¿erro en ello?
Para asno aprendo, en efeto.
Sí, que mal puede un discreto
ser asno sin deprendello.   (440b)

(*Redondilla, -e, -e*)
¿Cuántos vienen?
                Cuatro Grandes
cuya pujanza es notable;
Almirante y Condestable,
en valor y poder grandes   (441b-442a)

(*Redondilla, -e, -o*)
Hermano, id, poned esos
a recaudo, con que entiendo
aquieto mi pecho viendo
a aquestos cuatro presos.   (442b-443a)

(*Redondilla, -e, -o*)
que le prometí ponello
con Sancha en un aposento.
Y ella, ¿ha salido al intento?
Ella prometió hacello,   (444a)

(*Redondilla, -o*)
Pues si no hay remedio, adiós,
y goce el Rey de su amor,
y ¡para estas, don traidor!,
que yo me vengue de vos.   (444a)

(*Redondilla, -a, -o*)
Por ser quien eres te traigo,
que éstos, en fin, son villanos,
y habrá menester tus manos
si acaso en las suyas caigo.   (444a)

(*Redondilla, -e, -a*)
¿Y si al echarme recuerda?

No importa, como no os vea.
¡Ea, en nombre de Dios sea!
¿A qué mano?
           A mano izquierda. (445a)

(*Redondilla, -e, -o*)
porque ve que, su Rey muerto,
es tuyo, de ley, el reino.
En efeto, ¿yo ya reino?
Ya reinas al descubierto (447a-b)

(*Redondilla, -e*)
que la mayor del mundo es
me pongas en paz con él.
¿Dónde está? Vayan por él.
Ahí quedó.
           Llamalde; ves: (448b)

(*Redondilla, -a, -a*)
Pues ¿cómo con vuestra hermana,
y una hermana como Sancha?
Y si mi hermana me mancha
la honra, por ser villana (448b)

(*Redondilla, -e, -a*)
Pues vaya, y no se detenga
el cuento.
        Comienza afuera,
Erase aquello que se era,
el mal vaya y el bien venga. (449a)

(*Redondilla, -a, -a*)
porque en ser bella y gallarda
a todos se aventajaba,
y aun creo que se llamaba...
(¿Si dijese que Rosarda?) (449a)

(*Redondilla, -a, -o*)
El Rey, en fin, se casó,
y, al volver, con gran traición,
el Marqués, viendo ocasión,
a volver le acompañó. (450a)

(*Redondilla, -o, -a*)
y esta la hermana traidora
que te ha quitado la honra?

¡Oh, aleves, tanta deshonra!
Prendeldos luego, a la hora. (450b)

(Redondilla, -a, -a)
Pues ¿como con vuestra hermana,
y hermana como Rosarda?"
Hermana, hermana bastarda,
infame, vil y liviana. (450b)

(Redondilla, -o)
¡Ah, hideputa, ladrón,
qué sobresalto les dió!
Por mi fe que tenía yo
tamañito el corazón. (450b)

(Redondilla, -e, -o)
Prometíselo, mas luego
me previene del remedio,
que es quitársela de enmedio
una hora antes del entrego. (451a)

(Redondilla, -e, -a)
Porque aunque yo se la ofrezca,
ya sabes que la promesa
en aquel momento cesa
que la dama no parezca. (451a)

(Redondilla, -e, -o)
¿Tienes que hacer más que eso?
No.
   Pues vamos en un vuelo.
Dame favor, justo cielo,
en caso de tanto peso. (451b)

(Redondilla, -e, -o)
Lo que el Rey hace agradezco,
porque es con tan gran exceso,
como si yo fuera el preso,
por prenda suya me ofrezco. (454a)

(Redondilla, -a, -o)
Decid, descasacasados,
¿dónde vais con el casado?
Sin duda se han conjurado
hoy contra mí mis pecados. (456a)

(*Redondilla, -a, -o*)
Ve aquí, señor, al villano
que a mi hermana me ha robado
¡Hola! ¿Quién va?
                Un hombre honrado.
¿Qué aguardáis? Echalde mano   (456a)

(*Redondilla, a-, -a*)
¿Cómo se llama tu hermana?
Señora, llámase Sancha;
muchacha limpia y sin mancha,
aunque pobre y aldeana.   (457b)

(*Redondilla, -e*)
Basta; que hacéis buen juez
¿Dónde, Reina, hallastes ley
que manda que muera un Rey
y muerte de ese jaez?   (458a)

(*Redondilla, -e*)
Que soy tu esposo, mujer.
Que, ¡vive Dios! que el Rey es.
¿No es esto bueno, Marqués?
Diz que el Rey había de ser.   (458a)

(*Redondilla, -e, -o*)
Marqués, haced al momento
lo que propuesto tenemos,
y en breve, porque tendremos
muy presto aquí el regimiento,   (458b)

(*Redondilla, -e*)
¿Pues qué? ¿Darles paces es
quitarle al reino su Rey?
Eso que agora no es ley
veréis presto lo que es.   (458b)

There are one hundred and sixty-six autorhyme in the *comedia*.[246] The excessive number of such rhymes, the use of certain rhyme words which never appear in authentic Lope plays, and the fact that many of the verses in the strophes in which the autorhymes appear are defective indicate a playwright other than Lope:

---

[246] Cf. Arjona, "The Use of Autorhymes...," p. 301.

al matador en la *mano*,
no la tiene de casar.
Pues si esto no puedes dar,
¿no está el porqué en la *mano*? (422b)

Y aparécense estos dos
de modo entre sí siendo *uno*,
que parece todo *uno*.
Créolo, a fe.
        Sí, por Dios. (422b-423a)

De Portugal, donde *reino*,
salí habrá como dos años,
y viendo reinos extraños
llegué, en efeto, a este *reino*. (423a)

Y lo que por pasatiempo
comencé, hízose *fuerza*;
en fin, quedéme por *fuerza*
en Francia por algún tiempo (423a)

¿Qué me dices desta *traza*?
Es, Rey, como tuya, en *fin*.
Pues para tener buen *fin*
aquesto que aquí se *traza* (424a)

Y desde aquí doy por *hecho*
cuanto tú por hecho dieres.
¿Vienen?
      Señor, sí; y si quieres
entrarán.
      Entren a *hecho* (424b)

Ya esto queda en buen *punto*,
y parece que ya es tarde,
no es razón que más se aguarde;
partamos luego al *punto*. (425a)

¿Qué hay, Pinardo?
        He estado un *poco*
en el campo,
      ¿Qué hay del campo?
Si te lo pinto y estampo
como/está, no/haré *poco*. (425b)[247]

---

[247] The last verse of this strophe contains an aspirate *h*- in atonic position.

Por ti invía el Rey, señora,
porque llega ya el Rey, *cerca*,
y viendo que está tan *cerca*
y que se llega la hora   (425b)

Venga un sacerdote al *punto*,
Rey, que estoy tan deseoso
ser ya de tu hija esposo,
que no quiero perder *punto*.   (426a)

Venga un arzobispo presto,
que nos tome las *manos*.
(Este me coge a las *manos*.
¡Triste! ¿Qué / haré / en esto?)   (426b)[248]

Si son dos, triste y *alegre*,
¿no vale más comenzar
por tristeza y acabar
después en cosa que *alegre*?   (426b)

Y como tiro a este *blanco*,
todo el tiempo le prevengo,
y agora cien firmas tengo,
dadas por el Rey, en *blanco*.   (427a)

Cien provisiones he *hecho*
cuyo tenor, Fabio, es tal,
que el Rey de Portugal
quedaré por mí de *hecho*.   (427a)

Porque lo que en sí contienen
debajo de bravas *fuerzas*,
es que te entreguen las *fuerzas*
del reino los que las tienen   (427a)

Gente que cuando yo torne
halle de mi mano el *reino*,
porque si yo un día *reino*,
nadie habrá que me trastorne.   (427b)

Ponte luego en *camino*
y ve al campo brevemente,
y cuando salga la gente
presa, saldrás al *camino*

---

[248] The last verse contains an aspirate *h*-.

¡Por Dios, que a ellos les *vino*
un hermoso quitasueño!
¿Tengo de tomar un leño?
Ande, señor todo *vino*. (428b)

pues que dándole yo el *cargo*
de rey porque me ayudase,
sin que en medio un día pase
del deleito me ha hecho *cargo*. (429b)

Amigo, ¿que he de morir;
que ya no se puede ser *menos*!
Es el extremo, a lo *menos*
a que has podido venir. (429b)

Que no me va, Marqués, *tanto*
en que tú me des la vida
como en que no sea vencida
deste tirano entre *tanto*. (430a)

Que si lo he entregado *preso*
en muchas causas me fundo,
que no hay traidor en el mundo
que en traiciones llegue al *preso*. (430a)

A su principio volvió.
Mira lo que yo te he *dicho*.
Que es rey dice; ¡hermoso *dicho*!
Pero muy tarde acudió (430b)[249]

Señora, espérate un *poco*,
que aunque te traigo el billete,
no vengo como alcahuete,
que no me estimo en tan *poco*. (431a)

Agora sé yo ese *voto*.
Hícele, señor, secreto,
¿En este reino, en efeto,
no podéis?
      No, por el *voto* (432a)

Ya tengo a punto una *posta*
y la gente que has mandado.

---

[249] This autorhyme is never employed in authentic Lope *comedias*. Cf. Arjona, "Did Lope... 'El lacayo fingido,'" p. 42.

Pues como está concertado
podréis, Rey tomar la *posta*.   (433a)

¿Qué haces, señor, que a *caballo*
están ya el Rey y Princesa?
Pues ¿cómo con tanta priesa?
¡Hola: un bohemio y *caballo*!   (433a)[250]

Que de dos cosas de *gusto*
no ha sido ésta la menor.
Dame las manos, señor.
De verte, Pinardo, *gusto*.   (433a)

Ahora bien; ensillad presto
y partamos a mi *reino*,
que, en fin, allí donde *reino*
remediaré mejor esto   (435a)[251]

Si yo en público no *reino*,
no lo puedo hacer, hermano;
que ya ¿quién me va a la mano?
Pero, al fin, ¿qué dice el *reino*?   (435b)

Que ha llevado mal, en *fin*,
el no verme en Portugal.
Halo llevado tan mal...
Pues yo lo efeto a buen *fin*.   (435b)

Por estar solo el jardin,
me atrevo a quedar en *él*,
que a haber alguien dentro *dél*
temiera a mi hermano, en fin   (436a)

que es ya Rey, y algo celoso
si de condición no *muda*
con·el estado. Estoy *muda*
de verlo, y hablar no oso   (436a)

Digo que no quiero que entre.
¡Por Dios!, ¿no puede ser *menos*?
¿Qué tal es ésta, por lo *menos*?

---

[250] This autorhyme is never used by Lope. Cf. Arjona, "The Use of Autorhymes...," p. 301.

[251] This strophe also contains a mixture of consonance and assonance.

¡Si lo encuentra!
              Aunque lo encuentre.   (436b)

En Francia tengo un Estado,
de que Dios me hizo *marqués*;
mas ¿qué os canso? Soy *Marqués*,
en fin, en mi tierra honrado.   (436b-437a)

¿Qué respondes a lo *dicho*?
De cuanto has dicho, traidor,
si no es que murió el pastor,
no he entendido cuanto has *dicho*   (437b)[252]

Sí, / haré, / aunque no por *más*
que por pedillo vosotros.
A nuestrama, en fin, nosotros,
¿qué reyes hicieran *más*?   (438b)[253]

Mas una cosa hay agora
que quería entender *bien*,
y es que aqueste hombre de *bien*
con aquesta labradora   (439a)

Vos, ¿cómo os llamáis?
              Toribio.
¿*Toribio*?
         Llámome ansí
porque dicen que nací
día de Santo *Toribio*.   (439a)

En un aposento *ambos*,
harta flojedad mía fuera
que mi gusto no cumpliera.
Pues va el concierto de *ambos*.   (441b)

¿Cuántos vienen?
           Cuatro *Grandes*
cuya pujanza es notable;
Almirante y Condestable;
en valor y poder *grandes*;   ((441b-442a)[254]

---

[252] *Dicho* is not used as an autorhyme by Lope. Cf. Arjona, "Did Lope... 'El lacayo fingido,'" p. 42.

[253] The first verse of this strophe contains an aspirate *h-* in atonic position.

[254] This strophe also contains a mixture of consonance and assonance.

Digo que ese es buen orden.
Entren los de guarda al *punto*
y daldes en todo el *punto*
porque no haya algún desorden. (442a)

Allá dentro está aguardando.—
Vaya como los *demás*.
¡Oh, traidor!
    Es por *demás*.
¿Qué tal hay?
    Vaya volando. (442b)

Y ¿cuándo será?
    Esta *noche*,
si de acompañarme has.
Voime, pues.
   ¿Adónde vas?
Voime a poner de *noche*. (443a)

y estoy esperando al Rey,
que se fué a poner de *noche*
para hablalle aquesta *noche*.
¡Oh, duro amor, dura ley! (444a)

pena de que me eche *menos*
y que me venga a buscar.
¿Luego yo no puedo entrar?
No; por agora a lo *menos*. (444b)

¿Marqués?
   Fingida hortelana.
¿He fingido a Gila *bien*?
Como se esperó, mi *bien*,
desa industria soberana. (445a)

porque ve que, su Rey muerto,
es tuyo, de ley el *reino*.
En efeto, ¿yo ya *reino*?
Ya reinas al descubierto (447a-b)[255]

Pues ¿tengo yo culpa alguna
si te quita el Duque el *reino*?
No lo he, porque no *reino*,
que eso hace la fortuna (447b)

---

[255] This strophe contains a mixture of consonance and assonance.

Quede aquel puesto encubierto,
en lo oscuro de esta *noche*,
he visto cuanto esta *noche*
ha pasado en este huerto.   (447b)

Pues si lo que pasó viste,
¿no reíste? Que el tiro *hecho*
antes al Rey le fué *hecho*,
que no a ti. ¿De qué estás triste?   (447b)

No tengo, Marqués, a *burlas*
lo que me has alborotado,
aunque, bien considerado,
hubo algún gusto en las *burlas*.   (447b-448a)

Y si no rey de derecho,
me he hecho rey de por *fuerza*,
y en tanto tiempo de *fuerza*
me habrás penetrado el pecho.   (448a)

¿Sobre qué esta *pendencia*,
Martín, que estoy con cuidado?
Señor, viene algo alcanzado
con Toribio de *pendencia*.   (448b)

¿Aún todavía le *dura*
el enojo con su hermana?
Jamás en criatura humana
se vió condición más *dura*.   (448b)

que la mayor del mundo es
me pongas en paz con *él*.
¿Dónde está? Vayan por *él*.
Ahí, quedó.
          Llamalde; ves: (448b)[256]

Viniendo, pues, como digo,
el Marqués desde su *tierra*,
ya por mar y ya por *tierra*
dió en las del Duque consigo.   (449b)

(A decir que había *poco*,
pensara que era mi cuento.)

---

[256] This strophe contains both consonantal and assonantal rhyme.

Ahora, señor, oye atento,
que ya me falta muy *poco*.   (449b-450a)

¡Noramala aquí os *tengo*!
No fue mala invención esta.
Esto sirva de respuesta
si alguna de daros *tengo*.   (450b)

Vamos y quédense *ellos*.
¿Dónde iremos?
              Al jardín.
Pues vengan Gila y Martín
a reír.
        Ya vamos tras *ellos*.   (451a)

¡Bueno es que trates tan *mal*
a quien te quiere tan *bien*,
que siempre busca tu *bien*
y te reserva de *mal*!   (451a)

Un vestido que te *pongas*,
vestido, al fin de Princesa,
saya y ropa a la francesa
y oro que con esto te *pongas*.   (451b)

En efeto, lo que *dices*
¿no es que lleve dos amigos,
que de todo sean testigos
y digan lo que tú *dices*?   (453b)

Sí, de aquí a un hora.
                  ¿A qué *puesto*?
A la puerta de Palacio.
¿Falta más?
          En breve espacio
ha de ser por obra *puesto*.   (453b)

¿Qué hacemos? Vamos de *aquí*
a recebir la Princesa.
Diligencia en vano es esa,
porque ella viene ya *aquí*.   (454a)

y esposos que ha tanto *tiempo*
que viven sin verse juntos?
Eso es así, aunque por puntos,
señora, me mide el *tiempo*.   (454b)

Si a mi reino falto *dél*,
vos, que sois, en fin, la *Reina*,
[que] en mi reino manda y *reina*,
os podéis quedar con él.   (454b)

que han hecho los dos concierto
de sacarla aquesta *noche*
de Palacio a prima *noche*.
¿Qué? ¿Es eso cierto?
                        Es tan cierto.   (455a)

Y no tienes mas que hacer
que ir, y en viendo que en el *puesto*
está un hombre muy bien *puesto*,
que así ha de estar la mujer.   (455a)

Quiero pasearme un *poco*,
que a este puesto llego ahora.
Es este el sitio y la hora,
quiero llegar poco a *poco*.   (455b)

Quiero arrebatalla en *brazos*
y llevarla deste puesto.
Hombre, ¿qué haces? ¿Qué es esto?
¿Dónde vas? Suelta los *brazos*.   (455b)

¿Dónde traes un hombre en *brazos*?
Basta lo fingido, Sancha.
¡Mundaria! Venís muy ancha
porque os llevan en los *brazos*.   (455b-456b)

Hazme, Reina, la *justicia*
que sé yo que me / hiciera
el Rey cuando aquí estuviera;
castiga una sin *justicia*.   (457a)[257]

Yo juro que vi a este *hombre*
que llevaba a mas correr
en brazos una mujer
vestida en hábito de *hombre*.   (457b-458a)

Yo vi que ella procuraba
de salirse de sus *brazos*,

---

[257] The second verse of this strophe has an aspirate *h*- in atonic position.

y él, llevándola en sus *brazos*,
dijo que a Sancha llevaba.   (458a)

A no ser yo el Rey *agora*
pagara lo que no hice.
¿Quién dice que es?
                El Rey dice.
¡Bueno es eso!; calla *agora*.   (458a)

¿Pues qué? Darles paces *es*
quitarle al reino su Rey?
Eso que agora no es ley
veréis presto lo que *es*.   (458b)[258]

Señora, en aqueste *punto*
se acaba de ver cubierto
de naos francesas el puerto,
puesto en orden y muy a *punto*.   (458b)

Lo que mandaste está *hecho*.
Reina, todo se ha cumplido;
sólo a Rosarda te pido
en galardón de este *hecho*.   (458b)

¿Cómo has de dar vivo al Rey
que vemos muerto a los *ojos*?
Sólo con que abráis los *ojos*
de la razón, como es ley   (459a)

The presence of false Andalusian rhymes in *El rey fingido* makes the authenticity of the attribution to Lope even more doubtful. There are ten such rhymes in the *comedia*:[259]

Y así, si te conocí
luego, es porque te *conozco*
del teimpo que en traje *tosco*
a mi Rosarda serví.   (429a)

Pues ¿conocéislos?
                Conozco,
y sé encierran tal valor

---
[258] The strophe contains both consonance and assonance.
[259] Arjona, "False Andalusian Rhymes...," p. 305.

la villana y labrador
debajo de un talle *tosco*... (439a)

Y en un almendro un *durazno*,
¿tampoco lo enjeriréis?
No.
　　　Pues ¿qué es lo que sabéis?
Agora aprende para *asno*. (440b)

¿Luego de mí?
　　　　De vos, pues,
Pues si deshago un *durazno*,
yo le diré si soy *asno*,
a palos, o si él lo es. (440b)

Y si no, torne a leello
Fabio aquí segunda vez,
y yo la leeré después;
veréis que hay engaños en ello. (456b-457a)

The number of instances in which aspirate *h-* in an atonic appears, the false Andalusian rhymes, and the following instances in which final *-d* of the imperative is dropped for the syllable count of the verse or the rhyme scheme of the strophe [260] tend to indicate a playwright of Andalusian origin:

Ya os las mando, acabá
y decidme de qué son.
Ya ha salido de prisión
la Princesa.
　　　¿Dónde está? (453b)
Sí. Pues perdonad el agravio (456a)[261]
Bueno es eso callá agora (458a)
¡Hola! Decí, ¿a qué esperáis (442b)

In the following verses the final *-d* is dropped, but it is not necessary for the syllable count of the verse:

---

[260] Cf. *Acad. N.*, V, xxii, and Arjona, "Did Lope... El lacayo fingido," p. 52.

[261] It is obvious that the final *-d* of *perdonad* must be dropped or the verse is one syllable too long.

Proseguí vuestra historia	(449a)
Id y hacé que sean llamados	(442a)
Soltáme, gente sin ley	(456a)
Acabá, no hagáis ruído	(442b)
Andá, señor! no entre acá	(436b)

The text of *El rey fingido* has many defective verses and rhymes. Some have been indicated by Cotarelo y Mori and corrected in the printed edition. Many, however, he missed. In some cases these defects have direct bearing on the authenticity of the play; in other cases, the defects may simply be scribal errors. Most of these defects, however, Lope did avoid. The following verses are defective in that they are one syllable too long:

A lo que mandaste ha venido	(427b)
¡Hola! ¿Está todo prevenido	(433a)
¿Qué tal es ésta, por lo menos?	(436b)
Qué, ¿fué la palabra pesada?	(438b)
y yo y Sancha en nombre de Martín y Gila	(446b)
Pues yo os dará tal sobresalto	(449a)
y oro que con esto te pongas	(451b)
¿Por qué tengo de firmar de darle muerte	(452a)
¿Y es ése, Marqués, el blanco descubierto	(453a)
¡Eh, villano desconocido!	(455b)

The first of the following verses is one syllable too short unless the poet intended dieresis in the word *pues*. In words with the diphthong —ue— Lope's preference is for syneresis:

Sí. Pues dadnos lugar	(436b)
Dante quiero, señor	(440b)

There is one example of a stray verse between two *redondillas*:

Decid, descasacasados,
¿dónde vais con el casado?
Sin duda se han conjurado
hoy contra mí mis pecados.
¿Dónde vais disimulada?
No soy Sancha, que soy Fabio.
Soltáme, gente sin ley.
¿Fabio, hermano del Rey?
Sí.
    Pues perdonad el agravio. (456a)

There are three instances in which the poet employs assonantal rhyme in strophes which demand consonantal rhyme. Lope avoided this defect, but his plays are not free of it:[262]

    Pero apenas se te entreguen
    cuando, tomando la vía,
    no pares noche ni día
    hasta que a Portugal llegues   (428a)

    ¿No nos iremos?
         Sí vamos.
    Bien se ha hecho, y al siguro.
    ¡Jesus, cómo hace escuro!
    ¿Qué es esto? ¿En qué he tropezado? (446b)

    Y no se engañó, en efeto;
    que lo sintirá el Rey mucho.
    Ve aquí el preso.
         (¿Tal escucho?
    ¿yo preso y en hierros puesto?   (457b)

---

[262] Arjona, "Defective Rhymes...," pp. 126-127.

EL REY POR TRUEQUE

The only extant copy known of the *El rey por trueque* dating from the seventeenth century is a manuscript copy in the Biblioteca Nacional. Another manuscript copy in the Biblioteca Nacional dates from the nineteenth century.[263] The *Academia* edition done by Cotarelo y Mori is based on the earlier copy.[264]

In the case of this *comedia* subjective impressions and objective tests for authenticity agree. Cotarelo y Mori questions the authenticity:

> Menos fundamento creemos que existe para otorgar a Lope la que imprimimos a continuación con el título de *El Rey por trueque*, aunque una y otra vez se afirme en el manuscrito que le pertenece. No consta en los catálogos de Lope ni en el de Medel. La versificación es, a veces, tan artificiosa y poco fluída, que anuncia otra mano que la experta del gran poeta. Los personajes tienen todos un matiz de antipatía no comunes en él y hasta el desarrollo de la acción es torpe y poco verosímil, a que se une un desenlace del todo infeliz y extraño.[265]

Noting the false Andalusian rhymes which appear in the text, the editor surmises that "Si Lope escribió esta obra habrá sido muy alterada al refundirla Vélez, o quien fuese."[266]

---

[263] 61 hoj., 4°, l. del s. xvii. Enmiendas de mano del licenciado D. Francisco de Rojas. Hol.ᵃ (D.) — 14.928.
Otro MS. de 55 hoj. en 4°. Copia del siglo xix. Hol.ᵃ (D.) — 14.930.
Paz y Melia, *Catálogo*, p. 480.
[264] *Acad. N.*, II, xiii, and 525-559.
[265] *Ibid.*, xiii.
[266] *Ibid.*

Morley and Bruerton, after an examination of the versification of the drama, reject it as being by Lope.[267] A study of the orthoepy and the rhymes add additional evidence for the rejection of the play. A comparison of the orthoepic practices of the play with those of Vélez de Guevara tends to indicate that he did not write the play.

Aspirate *h*- in an atonic position is not characteristic of Lope's orthoepic practices.[268] Wade finds in Velez's four autographs that involving the aspirate *h*- in the atonic position "synalepha is... normal; the unstressed first syllable of the second of the two words in each case makes hiatus difficult."[269]

The following octosyllabic verses require an aspiration of *h*- in atonic position and hiatus:

si se / huyeran al cielo	(529a)
porque / hablará la / herida	(530b)[270]
aves de Puesu / hermosas	(536a)
yo / hacer lo que me mandas	(538b)
de / hacer cuanto mandarme	(538b)
Esa tu / hermosa hija	(539b)
Rey y señor, yo / haré	(542b)
Los bueyes que / hurtó Caco	(545b)
¿Qué me darás y / haré	(550a)
Sí / haré, pues es su muerte	(552a)
No me vuelvas a / hablar	(553a)
De / huír tuvo lugar	(554a)

In the following hendecasyllables *h*- must be aspirate in an atonic position:

por adonde / huír, hasta perderlo	(526b)
jamás olvidaré tu / hermosura	(530b)
no te dé pena, que / halagos pueden	(549b)

This seven-syllable verse requires the same:

Pues voy por ti / huyendo	(556a)

---

[267] *Chronology*, p. 336.
[268] Cf. Poesse, pp. 76-77; Morley, "Ortología...," p. 538.
[269] Gerald E. Wade "The Orthoepy... of Vélez de Guevara," p. 476.
[270] Hiatus is possible in two places, both involving the aspirate *h*-.

In the following verses there must be aspiration of *h-* in the atonic position or hiatus occurs between two unstressed vowels:[271]

cuareta / y siete / heridas	(540a)
que si / el dolor hacerle / hablar pudo	(541a)
y que / el contrario / idólatra / huyese	(541b)
por ti / hiciera lo que / a mi / honor basta	(542a)
pero / aquesa / hermosura	(545a)
la / hermosura? / Y como Platón dijo	(550b)
me / habéis de / hallar ya muerto?	(553b)

In the following verses there is either aspirate *h-* in the atonic position or hiatus occurs between a final tonic vowel and an initial atonic vowel:[272]

que / huyó / el fiero castigo	(530b)
ausente yo / y tú / hermosa	(553b)

Other examples of unusual hiatus not involving the aspirate *h-* in atonic position are noted throughout the play. In the following verses there must occur hiatus between two unstressed vowels:[273]

de la / interior verdad	(534b)[274]
las Marcias y / Atheneas	(539a)
que / os prometo que / estoy	(545a)
bien lo / habéis estudiado	(553b)

In the following verses there must be hiatus before or after the exclamations *ah* and *oh*. Poesse finds that "there is synalepha whenever any of the exclamations are part of a word group within the verse..."[275] In the first verse there will be hiatus between two unstressed vowels[276] if such hiatus does not occur with the

---

[271] Cf. Poesse, p. 67.
[272] *Ibid.*, p. 73.
[273] *Ibid.*, p. 67.
[274] If *interior* contained dieresis, hiatus would not be necessary. Lope's preference in words ending in *-ior*, however, is for syneresis. Cf. Poesse, p. 39.
[275] Poesse, p. 62. ...
[276] Cf. Poesse, p. 67.

exclamation, and in the second verse there will be hiatus between a final tonic vowel and an initial atonic vowel:[277]

> darte / un mundo. ¡Oh, / Amor loco   (536b)
> ¡Ah, / Isabela! ¿Quién tendrá / esperanza   (550b)

This verse must have hiatus either between two unstressed vowels or between a final tonic and an initial unstressed:[278]

> me salió / al cuento, / usando   (539a)

The manuscript contains one verse which calls for unusual hiatus, but Cotarelo y Mori, apparently noting that the verse count was not syllable too short, changed the verse for his edition:

> no puedo / el golpe / herrar[279]
> no puedo [en] el golpe errar   (530a)

The playwright probably intended hiatus before *errar* since he wrote the word with an initial *h-*. The verse as the manuscript has it would require either hiatus in one or two positions, both between two unstressed vowels.

One other verse which the modern editor made into a good Lope verse when he changed it from the manuscript involves hiatus between two unstressed vowels in one of two possible positions within the verse:

> se / acordara de / armarme[280]
> os acordaréis de amarme   (545a)

In the following verses there must occur hiatus before or after intervocalic *he*.[281] In the second verse there could be hiatus between two unstressed vowels:[282]

---

[277] *Ibid.*, p. 73.
[278] *Ibid.*, pp. 67-73.
[279] MS. fol. 11, recto.
[280] MS. fol. 37, verso.
[281] Cf. Poesse, p. 79.
[282] *Ibid.*, p. 67.

las palabras que / he / hablado	(534b)
si / en algo te / he / ofendido	(558b)

He, has, hay, which are usually in synalepha with the preceding vowel in Lope's autographs,[283] must have hiatus before them in the following verses. In some of the verses there would be aspirate *h-* in the atonic position[284] or hiatus between two unstressed vowels[285] if synalepha occurs before *he, has, hay*:

No me / has de / hallar cobarde	(529b)
que te / he de / hallar trocada	(534a)
Pero dime: / ¿has ya / hablado	(543a)
Tú / has de / hacer mi gusto, / y si / al presente	(549b)
que / es mujer y / hermosa, / y no / hay Ulises	(550b)

In the following verses hiatus must occur before *hasta, hartas,*[286] or other unusual hiatus occurs within the verse:

a subirse / hasta / el Cielo	(527b)[287]
y dió / espanto / hasta donde	(529b)[288]
pues de crueldad no te / hartas	(544a)[289]
pues no / es debida / hasta / el fin la gloria	(550a)[290]

The treatment of the individual word offers variations from Lope's usual treatment. Although many of the words listed here do not appear in Vélez's autographs, his treatment of similar words offer differences from the way they appear in this *comedia*.

With two strong vowels in a tonic position within the word and the first vowel being the stressed, both Lope and Vélez favor

---

[283] *Ibid.*, pp. 79, 70.
[284] *Ibid.*, pp. 77-76; Morley, "Ortología...," p. 538.
[285] Cf. Poesse, p. 67.
[286] *Ibid.*, p. 77.
[287] Hiatus here would occur between two unstressed vowels. Cf. Poesse, p. 67.
[288] Hiatus would have to occur between a final tonic vowel and an initial atonic vowel. Cf. Poesse, p. 73.
[289] *Crueldad* could contain dieresis and the hiatus would not be necessary. Lope, however, always employs the word with syneresis. Cf. Poesse, p. 21.
[290] Hiatus would have to be between two unstressed vowels. Cf. Poesse, p. 67.

bisyllabism.[291] In the following verses such words are with syneresis:

la *nao*, cansada y deshecha	(528a)
de *Loo* el precioso arrebol	(536b)
ni de otro vicio ni bien tengo *deseo*	(541a)
Hija de *Danao* en la crueldad y ardides	(549b)

Both Vélez and Lope prefer bisyllabic *leal*.[292] In the following three instances the word must be monosyllabic:

Sois leal vasallo, de traición desnudo	(542a)
¡Oh, Rey, y cuán leal te soy	(542b)
Soy, Fátima, leal vasallo	(555a)

Cruel appears once in the play as a monosyllable. Both playwrights employ dieresis in the word:[293]

viendo que más cruel estés	(530a)

Fiel does not appear in Vélez's autographs. Lope's use of the word is almost always with dieresis.[294] In this verse the word must contain a diphthong, or non-Lopean synalepha occurs between *vasallo y* and *el*:[295]

fiel el vasallo y el señor injusto	(541a)

Lope prefers azeuxis when there is the combination of a weak tonic and a strong atonic vowel such as occurs in the imperfect endings of *-er* and *-ir* verbs.[296] Wade finds that "Vélez prefers bisyllabism so greatly that syneresis is with him a rarity indeed."[297] In the following verse *podía* must contain syneresis:

Pues? ¿cómo podía andar junto	(551b)

---

[291] Cf. Poesse, pp. 25, 48; Wade, pp. 465-469.
[292] Cf. Poesse, pp, 27, 29, 30, 31; Wade, p. 468.
[293] Poesse, pp. 40, 42, 44; Wade, p. 462.
[294] Poesse, pp. 40, 43.
[295] *Ibid.*, p. 76.
[296] Poesse, pp. 35, 37, 38.
[297] *Wade*, p. 471.

Synéresis in *veas* and *traéis* is neither typical of Lope nor Velez.[298] Here the two verbs must be monosyllabic:

después que me veas partir	(530b)
¿Traéis los naipes, compañero?	(547b)

Do for *donde*[299] and the forms *vide* for *vi* and *vido* for *vio*[300] are rare in authentic Lope plays. All three forms appear in this comedia:

no aquellas do la muerte al llanto obliga	(531b)
¿Dó está mi cautivo en quien	(533b)
Sacaréla de a dó está	(545b)
he venido. Do mandares	(551b)
estaré, Do los dos mares	(551b)
llegamos aquí, do quieres	(558a)
que vide en la mar cosaria	(527a)
Vide de una nueva Palas	(539a)
tinto en sangre se vido	(555b)
¿No vide yo tu trato?	(556a)

There is one example of dropping of the final -d of the imperative for the syllable count of the verse:[301]

Tomad, comenzá a comer	(547a)

The text contains many false Andalusian rhymes, which are never found in Lope's authentic plays:[302]

De no estar ya con él solo me *pesa*,
que el mísero Escocés se me ha atrevido
y que a ensoberbecerse tanto *empieza*.   (526b)

Era poco a su *grandeza*
la fábrica y la *belleza*
del túmulo de Artemisa,

---

[298] Poesse, pp. 23, 26, 28; Wade, p. 466.
[299] Fichter, "Orthoepy...," pp. 152-153, n. 10.
[300] Arjona, "Ten Plays...," p. 322.
[301] Cf. *Acad. N.*, V, xxii, and Arjona, "Did Lope... *El lacayo fingido*," p. 52.
[302] Arjona, "False Andalusian Rhymes...," p. 305.

y así hoy el agua lo pisa
por apagar su *pavesa*.   (533a)

Mas como tengo esperanza
mayor, si hay mayor tardanza,
viendo que más cruel *estés*
a mí que ose cada *vez*
he de tomar por venganza.   (530a)

y es causa de mi *esperanza*
porque espero ver *mudanza*
en Isabela si es cierto
que el conde Guillermo es muerto,
que el esperar no me *cansa*.   (533a)

Al estimado dejas *presurosa*;
al que es más abatido le acompañas;
la alcázar dejas, buscas pobre *choza*.
Corta al que es rico, larga al pobre, dañas
Entras con llanto, párteste *llorosa*:
señales propias de tus malas mañas.   (529a)

Indigno soy que tu *alteza*
me quiera hacer tal favor.
No guarda ley el amor,
que el no guardarla *profesa*   (535a)

¡No sé por donde *comience*
a contarte mis fatigas!
Di como quiera.
           Me obligas
a que más ya no lo *piense*.   (539a)

Mas ¿qué no llorará quien supo tanto
de gloria y vida como supe y tuve?
¿Quién olvidará el gozo, el gusto, el canto,
si lo goce en el tiempo que entretuve?
Poco es si el mar aumento con mi llanto,
si mis suspiros hacen al sol nube:
que aquel que tiene amor sin *esperanza*
es poco cuerdo si su furia *amansa*.   (541a)

Dile al conde Felisberto
que ponga a Isabela *presa*
en la torre.
           Voy *apriesa*

¡Qué mal que a servirte acierto
cuando mi desdicha empieza! (543a)

Fátima es tu mujer, pierde el recelo,
que ¡por Mahoma! que la *despedace*
si no ortorga mi gusto y justo celo.
Y si por fuerza al casamiento *entrase*,
no te dé pena, que halagos pueden
hacer a veces lo que el Amor [no] *hace*. (549b)

There are five examples of the mixture of consonantal and assonantal rhyme within the same strophe. This exceeds any authentic Lope play:[303]

(*Octava*)
Llámala Lipsio un justo y noble efecto,
que de lo que hemos dicho poseemos,
y Séneca la llama el más perfecto
y santo bien que con razón tenemos,
Honra de Dios, del sabio y del descreto,
honor divino con que nos honremos. (541b)

(*Redondilla, -a, -e*)
Qüe si os acordáis de darme
desdenes con que me mate,
sé que cuando no me cate
os acordaréis de amarme. (545a)

(*Terceto, -e, -a*)
No hay luna sino tú, que esa belleza
es nuestra luna más hermosa y bella
que la que al primer cielo da nobleza. (549a)

(*Terceto, -o, -o*)
En mis riquezas calla Marco Antonio;
Jerjes calla en mi ejército famoso,
y con su valor calla el valor jonio. (549a)

(*Terceto, -e, -e*)
Injusto fuera, pues, que se perdiese
en ti mi sangre y que perpetuamente
heredero legítimo no hubiese. (549a)

---

[303] Cf. Arjona, "Defective Rhymes...," p. 127.

One other rhyme imperfection which occurs in the play is the use of assonantal rhyme in a strophe which should have consonantal rhyme. Although Lope's authentic plays contain such imperfections, he avoided it usually. There are five instances of this defect:[304]

> (*Octava*)
> Como Lucio Virginio ser debieras,
> derramando mi sangre noble y *casta*,
> y como tú también me lo dijeras,
> por ti hiciera lo que a mi honor *basta*.
> Serán estas palabras las postreras
> que oigas de mi mientras mi honor *contrastas*,
> que en tocando al honor, aunque sea padre,
> ni habrá respeto ni piedad que cuadre.   (542a)

> (*Redondilla*)
> ¿Pastores, a tales horas
> debajo de aquesta *reja*
> con amores y con *quejas*?
> Es, señora, porque lloras.   (544b)

> (*Octava*)
> Confusa me han tenido tus razones,
> y si [es que] ver no quieres presuroso
> mi fin, deja, gran Conde, tus pasiones
> y declárate más.
>   [¡Oh,] tiempo odioso!
> Que contra aquesta ley no hay opiniones,
> no, que es guardarla al desleal forzoso,
> y, según Cicerón, en fe y *palabra*,
> su fundamento la virtud *entabla*.   (541b)

> (*Quintilla*)
> mostrad cómo sois *soldados*
> de un capitán valeroso!
> ¡Muera el enemigo odioso!
> No hay quien se le muestre *airado*
> a un rostro que es tan hermoso.   (529b)

> (*Décima*)
> El sueño, alivio al tormento

---
[304] *Ibid.*, pp. 126-127.

> de un desgraciado, me *aflige*;
> pero, aunque alivio se *dice*,
> aumenta mi desconcierto;
> .... (533b)

The following enjambement involving unemphatic *que* is not typical of Lope:[305]

> El cetro tomad por que
> rectitud, justicia, y fe. (557b)

---

[305] Arjona, "Ten Plays...," p. 334.

EL TOLEDANO VENGADO *

El toledano vengado is attributed to Lope in a manuscript copy in the Biblioteca Nacional which came from the Osuna library.[306] The modern edition is the only printing of the *comedia*.[307] Cotarelo y Mori accepts the play as Lope's without reservations:

> ... no habrá necesidad de esforzarse en probar que sólo Lope pudo escribirlo ... todo en la obra denuncia la mano de Lope. Argumento; manera de llevarlo; caracteres, de admirable verdad todos; poesía; estilo y modo de hablar de los interlocutores; alusiones literarias y rasgos de costumbres, son cosas propias del insigne poeta. Hasta pudiera induirse que esta obra se compuso en Toledo en 1606, o poco después.[308]

Morley and Bruerton find little in the versification patterns for rejecting the authenticity of the work:

> The play was probably written by Lope first before 1604, possibly as early as 1596; but low closely the present text approximates it is problematical.[309]

Fichter agrees with the *Chronology* that the play is 'probably by Lope,' and he adds more data for dating the play:

---

* A modified version of this section appeared in *Hspanófila*, XIII, No. 38, pp. 13-18.

[306] 32 hoj., 4, l. del s. xvii, hol.ª (O.) — 16.901. Citada en el *Catálogo* de Huerta.
Paz y Melia, *Catálogo*, p. 535.
[307] *Acad. N.*, II, xiv-xv, and 594-623.
[308] *Ibid.*
[309] *Chronology*, p. 348.

Can the lines referring to new sumptuary laws — '... que como reforman ya / las randas y almidonado...' (*Acad. N.*, II, 601) — be used to establish a *terminus a quo?* Pragmatics on dress were issued in 1593 and 1600. Since the play has a gracioso, 1600 seems the more likely *terminus*.[310]

In the case of this *comedia* the value and the limitations of the objective methods of establishing authenticity can be clearly demonstrated. Whereas the approach to the authenticity through the strophic patterns failed to prove conclusively that the play is not Lope's, the orthoepic method is more conclusive. Taking into account the extremely defective manuscript which is the only known text of the work, the orthoepy still varies greatly from Lope's autographs. As Arjona stated in his study of doubtful *comedias*, the strophic and the orthoepic tests "serve as a check upon each other and ... we often need more evidence than can be gained from either."[311] In *El toledano vengado* there is additional evidence in the rhyme schemes and the use of certain words and enjambements which rarely appear in authentic *comedias* of Lope.

The following octosyllabic verses must contain aspirate *h-* in an atonic position[312] or the syllable count of the verses will be one syllable short:

habrá mucho que / hacer	(594b)
Pues si con vos no / hablé	(596b)
ved, señor, si [le] / hablaría	(596b)[313]
y / hacer [con] otro contrato	(597b)[314]
Vos, celosía, / haced	(598a)
y no / hagáis como mozo	(599b)
apenas [la] pude / hablar	(599b)[315]
gentil galán ha / hallado	(600b)
¿De veras [que] vais a / hacello?	(604b)[316]

---

[310] *Romanic Review*, xxxiii (1942), 210.
[311] J. H. Arjona, "Ten Plays...," p. 320.
[312] Cr. Poesse, pp. 76-77; Morley, "Ortología...," p. 538.
[313] [*le*] supplied by editor. Without this pronoun aspiration of the *h-* must occur.
[314] Without [*con*] supplied by editor, there must occur aspiration of *h-*.
[315] Without [*la*] supplied by the editor.
[316] Without [*que*] supplied by the editor.

EL TOLEDANO VENGADO

de qué podría / hablalle	(605a)
Váyase, que le / haré	(606b)
veréis si lo / hallaréis	(608b)
que le / hagáis con más juicio	(610a)[317]
lo que / hacer pretendemos	(611a)
¿Qué vais a / hacer ahora?	(612b)
Para ver eso que / hacéis	(612b)[318]
¡Cielos! ¿En que / haré pago	(615b)
Que [ya] de la sombra / huí	(617a)[319]
a / hablar a su mujer	(617a)
Muérete, / harás jornada	(620b)

In the following hendecasyllabic verses *h-* in an atonic syllable must be aspirate:

Como con hierba mata la / herida	(598a)
¿Ves aquella / hermosa celosía	(601b)

This seven-syllable verse contains an aspirate *h-* in atonic position:

De / hacer por el alma	(621b)

There are many verses in which aspirate *h-* in an atonic syllable must occur or equally non —Lopean hiatus occurs within the verse. In the following octosyllabic verses the hiatus would occur between two unstressed vowels:[320]

¿Yo / a ti? / Harásme que pierda	(599a)
si / os habla / y si la / habláis	(607b)
[que] si / el nuevo vino / hirviere	(610b)[321]
Este / oyó cuanto / hablé	(610b)
O / harélo / o no / harélo	(611a)
que, puesto que / es mi / hacienda	(622a)

In the following octosyllable there would occur hiatus between final atonic and initial tonic vowels:[322]

que / este / hacer ejercicio	(596a)

---

[317] This is assuming that *juicio* is a bisyllabic word as it appears throughout the play.
[318] *Ver* is not in the MS. fol. 38, col. a.
[319] Without the [*ya*] supplied by the editor.
[320] Cf. Poesse, p. 67.
[321] Without the [*que*] supplied by the editor.
[322] Cf. Poesse, p. 68.

There must occur hiatus either before or after intervocalic *he*, *ha*, or *a* [323] in the following verses or hiatus occurs between two unstressed vowels: [324]

lo / he / oído / en el Mesón	(595b)
Ya yo / en que / [he] / errado cayo	(612b)
que / a vos ni / a nadie / ha / hablado	(607b)
y / a / hablaros tan claro me / he / atrevido	(612b)
y no consejo. *Aquésa* te / he / ofrecido	(602a) [325]

He and *has* are usually joined in synalepha with the preceding vowel in the autographs. [326] In the following verses there must be hiatus before *he* or *has* or aspiration of *h-* in an atonic position occurs in the first three verses:

¿Qué / he de / hacer, me dices? Dejárela	(602a)
me / halláis? Tanto, que / he dado	(609b)
Eso / es lo que / has de / hacer	(612a)
me / he quedado con luto	(623a)

Hacia, harto (a), normally in synalepha with the preceding vowel [327] must have hiatus before them in the following instances:

ha sido licencia / harta	(611b)
que / harto se lo reñí	(611b)

In the following verses there must occur hiatus before these words, or non-Lopean hiatus occurs between two unstressed vowels: [328]

Si / hasta / aquí me / he burlado	(604b)
que / está / hacia / el campo llana	(615a)
la / infamia; / hasta / en reñirte	(617b)
Por / eso / hasta / el morir	(623a)

Other non-Lopean hiatus occurs in *El toledano vengado*. In the following examples the syllable count is incorrect unless hiatus

---

[323] *Ibid.*, p. 67.
[324] *Ibid.*
[325] The MS. fol. 13, col. a., has *ese* instead of *aquésa*.
[326] *Ibid.*, p. 77.
[327] *Ibid.*, p. 77.
[328] *Ibid.*, p. 67. ·

between two unstressed vowels, or hiatus between a final stressed vowel and an initial unstressed vowel, occurs:[329]

y /advierte / a lo que digo	(597b)
y si / en mí / os conocéis	(599a)[330]
hay para / información	(600a)[331]
Siento / el honor y / aun que / es amor siento	(612b)
va / a ruego / y cuenta propia	(613b)
Alonso / ¿Está en la plaza	(614b)
Casi / esperanzas dos	(616a)
pero, sobre falso / el edificio	(621a)[332]
Entrémosla / acá; llévenla / en peso	(621b)
que / en un río murió / y yo / igual muera	(622a)
por dejallo / entablado	(622a)
Más de / eso temo yo	(622a)[333]

In this verse there must occur hiatus between final stressed vowel and initial atonic:[334]

   y quien sentirá / al doble   (619b)

Two instances of non-Lopean synalepha are noted in the *comedia*. With intervocalic *o* Poesse finds that "the conjunction, unlike the exclamation, always causes hiatus..."[335] In this verse there must be synalepha with the intervocalic conjunction:

   en vuestro sí o en vuestro no   (595b)

Amo always appears with hiatus between it and the preceding vowel in Lope's autographs.[336] In this octosyllabic verse there must occur synalepha between the final -*o* of *nuestro* and the initial *a*- of *amo*:

   y en nuestro amo el humor reina   (597b)

---

[329] *Ibid.*, pp. 67, 73.
[330] The MS. fol. 8, col. b., has *vos* between *mi* and *conoceis*.
[331] MS. fol. 9, col. b., seems to have *la* before *información*.
[332] MS. fol. 59, col. a., has *era* between *pero* and *sobre*.
[333] Hiatus between *de* and *eso* is unlikely in Lope. Poesse, p. 70.
[334] Cf. Poesse, p. 73.
[335] *Ibid.*, p. 76.
[336] *Ibid.*, p. 77.

There are numerous examples of individual words which vary from Lope's normal useage. The appearance of *juicio* eleven times as a bisyllabic word and *fiel* (*infiel*) six times with diphthong [337] is sufficient evidence for searching for an author other than Lope:

No somos de las que el juicio	(594a)
sufrirle. De juicio salgo	(596a)
mi honor y el juicio se ciega	(597b)
el juicio si en ello toca	(599a)
tener más juicio que tiene	(602b)
De juicio en pensarlo salgo	(605b)
¿Qué hombre es? Me decí del juicio	(608b)
y en lo del juicio no está	(609a)
sin juicio, que andáis soñando	(616a)
pero cansados, cual de humanos juicios	(616b)
del fiel ladrón disfrazado	(598a)
Si al sol que adoro soy fiel	(599a)
y no ser amigo fiel	(606a)
A ejemplo de fieles pasa	(608a)
el marido soy más fiel	(620a)
mudable, inconstante, infiel	(598b)

Aun never appears as a bisyllable in Lope's autographs.[338] In the following verse it must contain dieresis or there is hiatus between *y* and *aun*:

y aún sin faltarle tilde   (622b)

Deseo, with two strong vowels in tonic position, should be with azeuxis.[339] This is not the case in this verse:

Es vuestro deseo burlarme   (607b)

Leal usually is bisyllabic in Lope's works.[340] In the *Academia* text Cotarelo has substituted this word for the word *tal* which appears in the manuscript.[341] As it appears in the modern edition *leal* must be monosyllabic:

---

[337] *Ibid.*, pp. 40, 43, 46. Also, cf. 321; Morley, "Ortología...," p. 529.
[338] Cf. Poesse, p. 38, n. 71.
[339] *Ibid.*, pp. 23, 25.
[340] *Ibid.*, pp. 27, 29, 30, 31.
[341] MS. fol. 32, col. b., seems to have the word *tal* instead of *leal*.

EL TOLEDANO VENGADO

> bien, que soy su amigo leal (609a)

The name *Luis* is used only once with dieresis in Lope's autographs, and this is at the end of the verse.[342] In this verse *Luis* with dieresis is contrary to Lope's practice:

> Luis en la cuenta cayo (600a)

Reales[343] is with syneresis in this octosyllable:

> doce reales con mi gusto (600b)

Poesse finds *ruin* bisyllabic only one time out of eight.[344] In the following verses it must be with dieresis:

> y de su ruín trato (602a)
> que el que informa no es ruín (608b)
> el trato ha sido ruín (614b)

Lope's preference is for azeuxis when the enclitic *os* is attached to the imperative of *-ir* verbs.[345] In this verse there must be syneresis even though the word is written *ydos*[346] in the manuscript:

> Ios en buen hora a dormir (616a)

The following forms of *leer* never appear in Lope's autographs as they appear in the following verses. *Lee*[347] must be monosyllabic, and *leed*[348] must be monosyllabic or *leído*[349] must contain a diphthong:

> Ahora lee el papel, ¡por Dios! (602b)
> Leed, y leído por vos (601a)

---

[342] Poesse, pp. 45, 46.
[343] *Ibid.*, pp. 27, 29, 30, 31.
[344] *Ibid.*, pp. 45, 46.
[345] *Ibid.*, p. 37; Morley, "Ortología...," p. 533.
[346] MS. fol. 50, col. b.
[347] CF. Poesse, p. 23.
[348] *Ibid.*, pp. 27, 30.
[349] *Ibid.*, pp. 31, 32.

138   OBJECTIVE METHODS FOR TESTING AUTHENTICITY...

Veais as a monosyllable does not appear in the autographs.[350] In this verse it must be or the syllable count is incorrect:

<blockquote>pide que con El os veáis   (610b)</blockquote>

Do is used for *donde*[351] in the following twenty-three verses:

y ante el tribunal do alcanza	(594b)
vaya do oídos le den	(594b)
De ahí no haya do apelar	(596a)
El escudero ¿dó aguarda?	(596b)
Y ved a dó está el honor	(597a)
es el templo do cuelgan mis despojos	(601b)
por do sepa vuestra casa	(608a)
do está todo mi tesoro	(608a)
de ese galán quiere entrar	(608b)
cuando la pena no hay por [do] desfogue	(609b)
y por dó la muerte den	(610b)
do se puede el sol mirar	(614a)
del Cielo, a do me lleváis.	(614a)
Que entró y por dó entró, eso sé	(615b)
Si entrara, por do salir	(615b)
do su sombra se encubriera	(616a)
tierra do traidores hay	(616b)
do es el solar de Garay	(616b)
do la llevó el pensamiento	(618a)
No entró apenas do yo toco	(618b)
no he de dormir do durmió	(623a)
do entró. Eso verdad es	(623a)
al lugar do ella se ve	(623a)

Vido for *vio*[352] appears in the manuscript, but not in the *Academia* text. Cotarelo y Mori has the verse:

<blockquote>que si nos [ha] visto hablar   (596a)</blockquote>

He supplies the [ha] to prevent aspiration of atonic *h*- of *hablar*. The manuscript has the verse:[353]

<blockquote>que si nos vido hablar</blockquote>

---

[350] *Ibid.*, pp. 27, 29.
[351] Cf. Fichter, "Orthoepy...," pp. 152-153, n. 10.
[352] Cf. Arjona, "Ten Plays...," p. 322.
[353] MS. fol. 3, col. b.

In this verse the antiquated form, which Lope rarely uses, appears, and there must be aspiration of atonic *h*-. The verse is definitely non-Lopean.

The rhyme patterns of the *comedia* differ from Lope's with an excessive number of instances of the mixture of consonance and assonance, the use of certain autorhymes and enjambements, and the use of assonantal rhyme for consonantal rhyme.

In the following twelve strophes there is the mixture of consonance and assonance:[354]

    (Quintilla, -i, -o)
    Y àdvierte a lo que digo:
    la libertad he perdido;
    la fe que te di es testigo,
    pues olvido el de marido
    para darte a ti el de amigo.   (597b)

    (Quintilla, -e, -a)
    ¿Quién será la que cela
    tanto?
        ¿Dudáislo de veras?
    A las razones primeras
    lo conocí: Micaela.   (600b)

    (Redondilla, -a, -o)
    Tras un melindre, jurando
    que hombre la había obligado
    jamás, me dió un sí apretado.
    Yo, de la licencia usando.   (601a)

    (Redondilla, -a, -o)
    Juró ser su primo hermano;
    fuése y dejóme pagando,
    y después la hallé jugando
    con su primo por la mano.   (601a)

    (Redondilla, -e, -o)
    (Este ha de echarme el secreto
    por tierra; remediarélo.)
    Vos sabed que este Marcelo,
    sin atender a respeto...   (609a)

---

[354] Arjona, "Defective Rhymes...," p. 127.

(*Quintilla, -i -o*)
La falta, es de algún indicio
que habéis dado en vuestro oficio;
y así, como amigo, os digo,
pues de esto sirve a un amigo,
que le hagáis con más juicio.   (609b-610a)

(*Quintilla, -e, -o*)
Ved que el secreto en el pecho
del amigo es vino nuevo
en vaso a cocer no hecho.
Vaso nuevo sois; yo apruebo
de lo que sois, satisfecho.   (610a-b)

(*Redondilla, -i, -a*)
Apártate y date prisa;
llega y el oído afila,
que yo sé que Petronila
dice no con mucha risa.   (611a)

(*Redondilla, -o, -a*)
Que ya esta borrada gloria
va a ruego y cuenta propia
y el desmentir esta copia
es punto de la vitoria.)   (613b)

(*Redondilla, -a*)
Tomad mis llaves, andá
mi cas.
         De verlo entrar,
vilo.
         Pues idle a buscar,
y quizá parecerá.   (615b)

(*Quintilla, -o*)
¿Nadaba lejos de vos?
Antes por nadar los dos
juntos, murió el pecador;
porque él nadara mejor
sólo como sabe Dios.   (618b)

(*Quintilla, -a, -o*)
No te mato alborotado,
porque del reparo trato
de la honra que has manchado
hablando cual ves te mato,
que te mato enamorado.   (620a)

In the following verses the final -*d* of the imperative has been dropped either for the rhyme scheme or for syllable count:[355]

    que no está en casa, decí?
    Porque decís la verdad.
    Lo que quisiérades dad.
     ¿Vos sois? ¿Y el hombre que ví   (596b)

    El otro día, que entré
    cas desta dama, decí
    que pagué y que no comí.
    ¡Por mi vida! ¿Cómo fué?   (600b)

    Descolgaos y ofrecé a Dios   (615a)

    os ocupad; olvidá eso   (615a)

    y no hay tal hombre. Atendé
    a lo que habéis obligado
    a un hombre, si es hombre honrado.
    Que entró y por dó entró, eso sé   (615b)[356]

    Ahora bien, si cuentas son,
    oírlas, quiero decí;
    esperá; sentarme [he] aquí
    sin alma y sin corazón.   (607a)

    Tomad mis llaves, andá
    mi casa.
       De verlo entrar,
    vilo.
      Pues idle a buscar,
    y quizá parecerá.   (615b)[357]

    Y si a decir verdad va,
    y este intento se pondera,
    muy bien ahogado se está.
    ¡Lástima es que un mozo muera!
    ¿Mandáis algo?
       Adiós quedá.   (618b)

---

[355] Cf. *Acad. N.*, V, xxii, and Arjona, "Did Lope... *El lacayo fingido*," p. 52.
[356] The final -*d* is present in the MS. fol. 49, col. b., but obviously it must be dropped for the rhyme.
[357] *Andad* in MS. fol. 50, col. a.

In the following verses the final -d of the imperative is dropped, but not needed:

Callá, que de vuestra flema	(604b)
Callá, maldito seáis	(605a)
esperá; sentarme[he] aquí	(607a)
¿Qué hombre es? Me decí del juicio	(608b)[358]
Corré, volveldo a llamar	(612a)
Voime, y decí que he obligado	(616a)
y agradecé que la lengua	(616a)

There are fifty-four autorhymes in *El toledano vengado*, which is not excessive for an authentic Lope text.[359] There is, however, one autorhyme employed which is never used in authentic Lope *comedias*:[360]

Ya, por no ofenderos, corto	
el corte de que me encargo.	
Perdonad si anduve largo,	
que, por mi fe, que soy corto.	(612a)

There are two examples of enjambements which are rare in Lope's autographs:[361]

lo mesmo respondo; pues	
no salió la traza mala	(605a)

Goceisos mil años, pues	
tanto os venís a querer.	(623b)

Other imperfections in the rhyme patterns of the *comedia*, which appear in the autographs, but which Lope tended to avoid, include the use of assonantal rhyme in strophes where consonantal rhyme should be employed, and the complete lack of rhyme in some strophes:[362]

---

[358] *Decid* in MS. fol. 31, col. b.
[359] Arjona, "Autorhymes...," p. 301.
[360] Arjona, "Did Lope... '*El lacayo fingido*', pp. 42-43.
[361] Arjona, Two Plays...," p. 390.
[362] Arjona, "Defective Rhymes...," pp. 126-127.

Aquésta sea regla en toda *parte*;
y si a dicha la dama que os agrada
es tantico rompida y de buen *talle*,

los seis le dad; pero si es entonada
y niega profesar aqueste *arte*
y la queréis pagar, no le deis nada. (601b)

que, a querelle mal, *bastaba*
este loco atrevimiento
para que fuera al momento
la respuesta y le *acabara* (604b)

Miro la Vega y no *veo*
mujer que parezca a ellas.
¿No alcanzas, señor, a vellas?
Pues no las ves, estás *ciego*. (610b-611a)

Ios en buen hora a *dormir*
el vino que habéis debido,
que de vos soy ofendido,
pues que de vos me *creí*. (616a)

que de aquí se ha *despedido*,
pues con vos?
            Lo que es diré,
Pues si con vos no hablé,
que sois otro mismo *yo* (596b)

¿Está mi señor acá?
Pues ¿no fuistes vos con él,
o hacéis del ladrón fiel?
Si [se] fué fuera sin *mí*? (606b)

There are numerous examples of defective verses indicated by Cotarelo y Mori, but the following verses, which are either too long or too short, he missed (the first should be a seven-syllable verse):

la madera mala	(621a)
para nuestros amores	(622a)
dijo muy bien: *Nihil dictum*, en efeto	(616b)

Two verses reported by Cotarelo y Mori as missing from the manuscript are actually present:

Y pues no es de luz Febea
mi corazón, pues desea
Su fuego, que mas le atiza
que en las senas que matiza
al sol de amor colorea.   (598b)[363]

Porque tu temple se estima
tanta que en el ynstrumento
que es de voluntad la prima,
siendo tercera en el tiento,
quieres ser al tiento prima.   (599a)[364]

---

[363] MS. fol. 7, col. a.
[364] MS. fol. 8, col. a.

EL VALIENTE JUAN DE HEREDIA

Cotarelo y Mori, the modern editor of *El valiente Juan de Heredia*,[365] is not certain of the authenticity of this play which he published among the works of Lope. Basing his edition on a *suelta* which he claims is "una suelta del siglo XVII"[366] and a manuscript from the seventeenth century which was in the Osuna library,[367] he concludes his introduction with doubt:

> Todos (suelta and manuscript) llevan por autor a Lope de Vega, y así también lo dice Medel en su *Indice*, página 116, y repiten los bibliógrafos modernos. Esto no obstante, puede dudarse del acierto en tal atribuición, y, desde luego, varias de las adiciones que lleva el impreso no nos parecen de Lope. Este era menos grosero en el lenguaje e ideas que lo demuestran dichas adiciones. De todo ello podrá juzgar la docta crítica teniendo a la vista los textos.[368]

---

[365] *Acad. N.*, II, xv-xvi, and 624-656.
[366] *Ibid.*, p. xv. Cotarelo y Mori does not indicate the location of this *suelta*, but does give the following bibliographic material: "*Del valiente Ivan de Heredia / Comedia famosa / de Lope de Vega Carpio.* 4°; sin lugar, ni año, ni imprenta. 18 hojas numeradas; signaturas A-E, todas de cuatro hojas, menos la última, que tiene dos. Impresión igual; papel blando, moreno y delgado. Es, sin duda, de fines del siglo XVII y con muchos menos errores que las que se imprimieron después en Sevilla y aún en Madrid." Morley and Bruerton (*Chronology*, p. 348) indicate a *suelta* in the British Museum. The Biblioteca Nacional in Madrid does not have a *suelta* with this title (Paz y Melia, p. 556).
[367] 60 hoj., 4°, l. del s. XVII, hol.ª (O.). 17.323. Otro MS. de 21 hoj., 4°, l. del s. XIX (D.). 14.994. Paz y Melia, *Catálogo*, p. 556.
[368] *Acad. N.*, II, xiv.

Fichter doubts the authenticity of the *comedia* because of the "numerous passages in the *culto* manner (Ac. N., II, pp. 629ª, 638ª, 640ᵇ, 641ᵇ, etc.)." [369]

Cotarelo y Mori's concern for the "grosero en el lenguaje e ideas," which he says are in the printed *suelta*, probably refers to the long passage in which Heredia describes the homosexual affair between two soldiers. Most of this passage, however, is present in the manuscript and is not lacking as he leads one to believe. [370] Richard Tyler has pointed out that "la comedia en general alcanza un altísimo nivel de decencia. Sin embargo, en algunas ocasiones se habla de algo que se llama 'pecado nefando,' y que en un par de casos se disfraza bajo el seudónimo (por decirlo así) de 'pecado elefante.' Indudablemente, el pecado de que se hace mención, es la homosexualidad, y por mas señas, la sodomía." [371] The examples of the appearance of this theme in the Golden Age *comedia* indicated by Tyler include one in *La serrana de Tormes* by Lope. In this example, and in the others mentioned in this study, "interviene el gracioso de la obra; y en todos los cinco, se trata el asunto en tono chistoso." [372] In *El valiente Juan de Heredia* the *gracioso* does not intervene, and the matter is not treated lightly. That Lope would include such a passage in one of his *comedias* is difficult to accept. The language of the passage resembles more that of Calderón's *cultismo* than that of Lope. It is equally difficult, as Sturgis Leavitt points out, to believe that Calderón wrote such a descriptive passage on homosexuality. [373] The passage is reproduced here with asterisks indicating which verses do not appear in the manuscript:

> Vino al lugar a alojarse,
> costumbre que España observa,
> una tropa de soldados,
> y por sus pecados eran
> dos que en mi casa alojaron

---

[369] *Romanic Review*, XXXIII (1942), 211.

[370] Only fourteen lines are missing from the MS.

[371] "Pecado nefando y pecado elefante," *Homenaje al Prof. Rodríguez-Moñino* (Madrid, 1966), p. 1.

[372] *Ibid.*, p. 3.

[373] Based on a discussion of the *comedia* with Prof. Leavitt, University of North Carolina at Chapel Hill.

de inclinación tan obscena,
que torpemente nefandos
les ví una noche... La lengua
al decirlo, se enmudece
de temor o de vergüenza,
que hay delitos tan inormes *
y culpas, señor, tan feas, *
que repetidas asombran *
y pronunciadas alteran. *
No sé cómo el que las hace *
no siente horror al hacerlas. *
Viendo, pues ejecutada
tan formidable torpeza,
sin ser justicia les dí
la irrevocable sentencia
del castigo de Sodoma.
Y apenas la noche ciega
a la mitad de su curso
llegó, cuando en la derecha
mano un puñal y en la otra
dándome luz una vela,
llego al deshonesto lecho
donde, en confusas tinieblas,
al tacto, si no a la vista,
cadáveres vivos eran,
al torpe sueño entregados
los sentidos y potencias.
Alcé el puñal indignado,
y en sus pecados tan apriesa
lo escondí cinco o seis veces,
que la distancia pequeña
que hay de la vida a la puerte
fué imposible que sintieran.
La sangre, purpura humana, *
salió huyendo tan ligera *
en calientes borbotones *
de aquellas infames venas, *
que dió a entender claramente *
que en ellos vivió violenta *
hasta entonces, que halló, *
para poder salir, puerta, *
porque a haberla hallado antes, *
antes salido se hubiera. *
Muertos, en fin, encendí
en el corral una hoguera
y, cumpliendo con la ley,

>   los arrojé dentro de ella
>   hasta que hechos ceniza,
>   de su nefanda insolencia
>   el castigo examinaron,
>   siendo en una noche mesma,
>   por castigar su delito
>   conforme la ley ordena,
>   para quemallos verdugo,
>   juez para dar sentencia.   (648b-649a)

Morley and Bruerton "consider it definitely not by Lope."[374] Combining the above evidence and a study of the orthoepy and the rhymes, the evidence against the authenticity of the *comedia* is sufficient to reject it from a canon of Lope's works.

In the following octosyllables there must be aspirate *h-* in the atonic position:[375]

a quererle,/hallaré	(626b)
a/hablar yo con Pacherco	(630b)
es el que puede/hacellos	(634a)
así se/hará, Gaitán	(634b)
le/haré yo que le pese	(635b)
por vos lo/haré no más	(636a)
en ella/halléis posada	(641b)
suele/hacer en el juego	(645b)
infamemente/huyendo	(645b)
licencia para/hablarte	(647b)
fuí más dichoso,/herílo	(651b)

There is aspirate *h-* in the atonic position or hiatus between two unstressed syllables in all the following verses except the last. Both types of hiatus are equally non-Lopean:[376]

para/hablarla/ ocasión	(627b)
que/ hallar tu/ agravio puede	(639b)

---

[374] *Chronology*, p. 348.
[375] Cf. Poesse, pp. 76-77; Morley, "Ortología...," p. 538.
[376] Cf. Poesse, p. 67. The last example in this group of verses does not involve hiatus before an aspirate *h-*. The *h-* of *habemos* is not aspirate: this initial *h-* was silent in Lope's day, and Lope would invariably employ synalepha before forms of the verb in which the *a* were atonic and the preceding vowel, such as the final *-o* of *mundo*, were unstressed. Cf. Poesse, pp. 61-62.

basta/ entonces, que/ halló	(648b)
¿Qué/ haré? No/ estoý en mí	(655a)
del mundo/habemos hecho	(653b)

Hiatus before or after intervocalic *ha* or *a* when the initial vowel of the following word is atonic is unusual in Lope.[377] Intervocalic *he* is always in synalepha with both preceding and following vowels.[378] In the following three verses hiatus must occur before or after the *ha*, or *a*:

Quiero que llegue/a/ hacer	(647a)
¿Moro? Para mí/ ha/ hablado	(636a)
de modo que, quizás, venga/ a/ hallarme	(629a)

Hiatus before *haya* is not typical of Lope.[379] In this verse there must occur hiatus before the word, or there must occur aspirate *h-* in an atonic position,[380] or hiatus between two unstressed vowels:[381]

se/ haya/ escapado/ huyendo	(634b)

He is normally in synalepha with the preceding vowel.[382] In the next verse there must occur hiatus before *he* or the atonic *h-* of *hallarlo* must be aspirate:

Yo sé dónde/he de/ hallarlo	(652b)

Hasta and *harta*, which are always in synalepha with the preceding vowel,[383] appear with hiatus before them twice in the *comedia*:

que/ harta caballería	(634a)
de vida; que/ hasta que	(654a)[384]

---

[377] Cf. Poesse, p. 79.
[378] *Ibid.*
[379] Cf. Poesse, p. 70.
[380] *Ibid.*, pp. 76-77; Morley, "Ortología...," p. 538.
[381] *Ibid.*, p. 67.
[382] *Ibid.*, p. 79.
[383] *Ibid.*, p. 77.
[384] This verse is also defective in that Lope never employs unemphatic *que* to end a verse. Arjona, "Ten Plays...," p. 334.

Either hiatus before *hasta* or hiatus between two unstressed vowels must occur in the following three verses: [385]

y/ estará/ hasta morir	(635a)
a seguirme/ hasta/ aquí	(643b)
Libre/ el alma/ hasta/ aquí	(650a)

Other examples of unusual hiatus which occur in the *comedia* include verses in which hiatus must occur between two unstressed vowels [386] or the syllable count of the verses is incorrect:

del viento,/un pez del mar	(627b)
lo que/ en él se/ amonesta	(628a) [387]
Y/ así, pues, Román, aunque	(642a)
que se/ abrasa/ y se quema	(652a) [388]

The treatment of certain individual words differs from Lope's treatment in the autograph *comedias*. The most notable of these differences are the words *juicio* and *ruido*. Neither Morley nor Poesse report any examples of *juicio* as a bisyllabic word. [389] Morley reports one example of bisyllabic *ruido*; [390] Poesse records only trisyllabism in the word. [391] In these verses the two words are employed contrary to Lope's usual practice:

Pierdo el juicio y perderé	(624b)
Sin juicio estoy en tan confuso abismo	(652b)
del postigo, ruido siento	(630a)
ruido de gente he sentido	(630b)
Claro está, si el menor ruido	(653b)
el ruido de la pendencia	(656a)

Juez appears as a monosyllable only once in the autographs studied by Morley and Poesse. [392] In this verse it must be monosyllabic:

---

[385] Cf. Poesse, pp. 77, 67.
[386] *Ibid.*, p. 67.
[387] In the MS. fol. 9, recto, there seems to be either *le* or *te* before *amonesta*.
[388] MS. fol. 51, verso has *que* between *y* and *se*.
[389] Cf. Poesse, p. 46; Morley, "Ortología...," p. 529.
[390] "Ortología...," p. 529.
[391] Cf. Poesse, p. 50.
[392] Cf. Poesse, p. 50; Morley, "Ortología...," p. 529.

fuera juez ¡viven los Cielos! (630a)

Monosyllabic *fiel* is not typical of Lope.[393] Here it must be a monosyllable or the syllable count of the verse is incorrect:

cómplice fiel y tercera (628a)

Lope's preference is for azeuxis in *real* (*es*).[394] In the following two verses the word must contain syneresis (the second verse should be a seven-syllable verse):

Este es el camino real (634b)
le ha de llevar diez reales (637b)

Monosyllabic *cree* is non-Lopean as it appears in this verse:[395]

No te acortes. Cree que fué (647a)

Dia[396] and the imperfect form of *tener*[397] normally are without diphthong in Lope's autographs. Here both must contain a diphthong:

por dos o tres días fingiera (651b)
que acaso la tenía abierta (651b)

The *comedia* contains numerous enjambements of a type which Lope never or rarely employs in his plays. Lope, according to Arjona, never ends a verse with the negative unemphatic particle *no* with a verb in the following verse.[398] This type of enjambement appears once in this *comedia*:

que del ofendido aún no
quiera sufrir un desprecio (633a)

Unemphatic *que*, which Lope never uses to end a verse,[399] is used many times:

---

[393] Cf. Poesse, pp. 40, 43.
[394] *Ibid.*, pp. 27, 29, 30.
[395] *Ibid.*, p. 23.
[396] *Ibid.*, pp. 34, 37.
[397] *Ibid.*, pp. 35, 37, 38.
[398] Cf. Arjona, "Two Plays...," p. 390.
[399] Cf. Arjona, "Ten Plays...," p. 334.

juzga por muy cierto que
de cólera reventara   (643a)

No me engañaron los que
su valor me encarecieron   (644b)

que os hagan más pasos que
suele hacer en el juego   (645b)

Por obligaros a que
me ocupéis en mucho quiero   (646a)

es cosa imposible que
pueda verme libre de   (646b)

a llegar a tiempo que
puesto a su lado, pudiese   (647a)

mi vida, supuesto que
no será cosa superflua   (648a)

de camino también que
jamás le excusé aunque fuera   (649b)

califique el saber que
merecer la amistad vuestra   (650b)

Escuchad la ocasión que
me trae a vuestra presencia   (652a)

de vida; que hasta que
del mortal desmayo vuelvas   (654a)

también, avisarle que
venga a verme aquesta noche   (627a)

que para mí pienso que
no hay calidad como serlo   (633b)

y sólo he sentido que
se haya escapado huyendo   (634b)

que pedille al cielo que
permita que llegue a verse   (639b)

cuando, diciéndome que
a disponer convenientes   (640b)

a buscar posada que
nos acoja y nos albergue (641b)

a los dos, en tanto que
otra halláis más suficiente (642a)

asegurándome que
después que de allá volviese (640b)

Lope rarely uses the unemphatic conjunction *pues* as an enjambement.[400] In this *comedia* it is used four times:

Remédiala ahora, pues
en los principios que está (624a)

con notable riesgo. Pues
aunque Juan de Heredia es (626b)

En el nuestro quepa, pues
honra no cabe, provecho. (635a)

mi venganza el Cielo; pues
en las manos me la entrega (654a)

A strong case against the authenticity of the *comedia* is found in the abundance of consonantal rhymes employed in the romance passages. Arjona's study reveals seventy-four such rhymes in the 1660 lines of *romance*.[401] The percentage ratio, 4.5, much exceeds the 2.4 found in any one autograph. Among these consonantal rhymes there are three instances in which three successive rhymes are employed. Lope avoided this in his autograph *comedias*:[402]

con el suyo entreteniendo,
no entretenerme también
yo con el mío, pudiendo. (630b)

yo, al bueno, mirando al Cielo.
Abre ¡por tu vida!
                    ¡Guarda!
Pues ¿qué recelas?
                    Recelo (631a)

---

[400] Cf. Arjona, "Two Plays...," p. 390.
[401] Cf. Arjona, "Improper Use of Consonantal Rhyme...," p. 29.
[402] *Ibid.*, p. 14.

de mi enemigo, y sintiendo
gente a la parte de afuera,
abrió el postigo, entendiendo   (631b)

¿qué ocasión mejor espero
que la presente?—Román,
entra conmigo, que quiero   (632a)

haya bajado y abierto,
y viendo que yo no estaba,
cuando abrió, a la puerta, es cierto   (632a)

precipitado escarmiento
de tu loca presunción,
de tu altivo atrevimiento   (633a)

hazaña, vil pensamiento,
afrentosa acción, temor
mal nacido y bajo intento   (633b)

a la fe con que la quiero,
Mía ha de ser y yo suyo
si le pesa al mundo entero   (634a)

ciego lince, niño fuerte,
rapaz astuto, dios loco,
de quien no hay vida que acierte   (639a)

sentir, prima, justamente
de él lo que del Teucro Eneas
Elisa Dido impaciente.   (639b)

galanteóme honestamente,
solicitóme cortés,
enamoróme prudente,
siendo de noche y de día,
bien que recatadamente   (640a)

licencia, prima, le diese
asegurándome que
después que de allá volviese   (640b)

mensajero confidente,
que no de todos se fía
un enamorado ausente.   (641a)

a que estaré eternamente
con razón reconocida.
De mi parte es bien que intente   (641b)

le hacéis, y a dichosa suerte
he tenido el encontrar,
después de un susto tan fuerte   (641b)

Pues las esquinas tomemos
y ninguno pase a quien
por bien o por mal dejemos   (644b)

De día me holgaré veros,
Yo también, para serviros,
me holgaré de conoceros.   (646a)

A solas, señor, quisiera
hablar a vueseñoría.
Salíos todos afuera.   (648a)

antes salido se hubiera.
Muertos, en fin, encendí
en el corral una hoguera   (648b)

que el solamente quisiera
ser quien de valiente el nombre
en el mundo mereciera.   (649a)

con un rocín en que fuera.
Reconocí su intención,
y porque no presumiera   (649a)

jamás le excusé aunque fuera
más valiente que Cipión
el que la ocasión me diera   (649b)

que suele con más violencia
ejecutar su furor
donde halla mas resistencia   (650a)

de mi pecho la dureza.
Ofrecióme una hermosura
a la vista una belleza   (650a)

que aún no ha llegado a la puerta
a dar el primero golpe,
cuando ya la tiene abierta   (650b)

entre amorosas finezas,
entre apacibles requiebros
y bien sentidas ternezas   (650b)

a tiempo que por la puerta
de un postigo pudo entrar,
que acaso la tenía abierta   (651b)

furioso conmigo cierra;
fuí más dichoso, herílo,
cayó al instante en la tierra   (651b)

y contra mi pecho ofensas?
y contra ellas ¿quién ignora
que yo he de buscar defensas?   (652a)

imposibles le pidiera,
pienso que por gusto mío
imposibles emprendiera   (652a)

Mira, bien mío, que sueñas,
No sueño, dispierta estoy;
Yo lo he visto, yo, por señas   (654b)

desmayada y casi muerta.
Y con la turbación misma,
juzgando mi muerte cierta   (654b)

¡Oh! ¡Quién nacido no hubiera
para desdichas tan grandes!
Y ya que nací, ¡quién fuera
tan dichosa que la cuna
por sepultura tuviera!   (655a)

rogándole que me viera
de día; vino hoy a verme,
quiso que a solas le oyera   (655b)

estabais, que compusiera
la enemistad de los dos
para excusar, si pudiera,
de su quietud deseoso,
que entre los dos sucediera   (655b)

en cualquier parte que fuera.
Yo en vuestra amistad fiado,
y viendo que no pudiera   (655b-656a)

LA VENGANZA PIADOSA

La venganza piadosa exists in a manuscript copy in the Palacio Nacional [403] which has served as the basis of the only printed edition of the play. [404] Cotarelo y Mori differentiates it from *La venganza venturosa* which appeared in *Parte X* of Lope's works, and he adds that "no hay razón para dejar de creer que le pertenezca [a Lope]." [405] Rennert believes that it could possibly be one of Lope's early plays:

> The versification is easy and fluent and it may well be one of Lope's early plays, though it surely adds nothing to his reputation. [406]

Morley and Bruerton, on the basis of the versification admit that it could be one of Lope's *comedias*, but "cannot under the circumstances, regard it as other than of doubtful authenticity." [407] Arjona's study of the use of consonantal rhyme in the romance passages is equally inconclusive because the number of such passages is extremely small. [408] There are, however, numerous non-Lopean elements in the orthoepy, the use of certain words, and the rhyme patterns which tend to confirm Morley and Bruerton's suspicions of doubtful authenticity of the text.

---

[403] Siglo XVI (finales), 20 hojas (fols. 71-r-90v). 210 × 150, a 2 cols. y línea tirada.

Justa Moreno Garbayo and Consolación Morales Borrero, "Obras de Lope de Vega...," p. 351.

[404] *Acad. N.*, I, x, and 481-512.

[405] *Ibid.*, x.

[406] Rennert, *Modern Language Notes*, XIII (1918), 118.

[407] *Chronology*, p. 352.

[408] Arjona, "Improper Use of Consonantal...," p. 37.

The number of instances in which initial *h-* in an atonic syllable must be aspirate casts doubt on Lope's authorship of the play.[409] In these verses aspiration must occur for the syllable count to be correct; the verses should be octosyllabic:

la/hallase yo con vida	(491a)
mas un rato lo/haré	(494a)
Unos que/hicistes bien	(492b)
No se dejen de/hacer	(497a)
y, cuando rey me/hecistes	(500a)
¿Qué/habláis con Angulema?	(501a)
Buena/hacienda/hicieras	(501a)[410]
que no/hablaba de veras	(501a)
a todo lo que/hicieren	(505a)
que yo/haré poca falta	(508a)
No puedo,/hermana,/hablaros	(509b)[411]
que/hablaba la visión	(512a)

In the following verses, either aspirate *h-* occurs or equally non-Lopean hiatus is mandatory; the last verse is hendecasyllabic:[412]

¿Qué/es esto,/hermana?/Habladme	(490b)
Y/ella lo/hará mejor	(505a)
¿Qué/hacéis [tan] sola/aquí fuera?	(508b)[413]
de consolalla/y de/hacer con ella	(490a)

There must be hiatus before or after intervocalic *a* in the next two verses, or in the second example non-Lopean hiatus occurs elsewhere. Lope's practice was to have *a* in synalepha both with the preceding and the following vowel if the initial vowel of the following word was in an atonic position.[414] In both verses the fol-

---

[409] Cf. Poesse, pp. 76-77; Morley, "Ortología...," p. 538.

[410] Aspiration is mandatory in two positions in this verse — before *hacienda* and *hicieras*.

[411] Hiatus could occur either before *hermana* or *hablaros*; both, however, are non-Lopean.

[412] In all except the first and second verses there would have to occur hiatus between two unstressed vowels. (Cf. Poesse, p. 67) In the second verse there would be hiatus between final unstressed and initial stressed vowels. (Cf. Poesse, p. 68) In the first verse hiatus would have to occur between a final tonic and initial atonic vowel. (Cf. Poesse, p. 73).

[413] This is assuming the absence of [tan] which is supplied by the editor and is not present in the MS.

[414] Cf. Poesse, p. 79.

lowing vowel is preceded by an initial *h-* which must be aspirate to cause hiatus:

Señor, yo vine/a/hablallos	(505a)
De rato/en rato/a/hablar	(496b)⁴¹⁵

In the following verses there must be hiatus before *he* or *ha* or other non-Lopean hiatus between two unstressed vowels:⁴¹⁶

Yo/he/ side/el instrumento	(508b)
al de mi/hermana/y mí/ha satisfecho	(511b)

There is rarely hiatus before *hay* in Lope's autographs. In the next verse there must occur hiatus before the word or hiatus occurs between two unstressed vowels:⁴¹⁷

no/hay cosa/en que no/acierte   (499a)

Harto, which is always in synalepha with the preceding vowel, must have hiatus before it in this verse:⁴¹⁸

que me/harto de ser rey   (508b)

Other unusual hiatus not connected with the aspiration of *h-* in an atonic syllable occurs in the drama. Hiatus between two unstressed vowels, as must occur in the following verses, is non-Lopean:⁴¹⁹

Entrá, villana/ahí	(486b)
No sé qué sienta/en tan gran prodigio	(490a)
Que pone/espanto/y me/eriza/el pelo	(492b)
haciendo/el sangriento sacrificio	(507b)
ya,/hermana, que/en la/ ofrenda	(508b)
Ya/a Mahoma le plugo	(510b)
Sáquenme ya/o saldré	(510b)
Mas yo por tu/ honor muero	(484a)

---

[415] In this verse hiatus would occur between the final unstressed vowel of *rato* and the initial unstressed vowel of *en*. Cf. Poesse, p. 67.
[416] *Ibid.*, pp. 69, 79, n. 28; 67.
[417] *Ibid.*, pp. 70, 67.
[418] *Ibid.*, p. 77.
[419] *Ibid.*, p. 67.

There are many instances in which the individual word varies from Lope's usual practices. These include variations from his usual orthoepic preferences and words which never or seldom appear in authentic Lope texts. These and the numerous cases in which *h-* in atonic syllable must be aspirate provide considerable evidence for the rejection of the authenticity of the text.

In the following octosyllable either *enviaré* or *cristianos* must contain dieresis. These words are always with diphthong in the autographs studied by Poesse. Other possibilities for correcting the syllable count of the verse would be hiatus between the final tonic vowel of *enviaré* and the following unstressed vowel *a*, or hiatus between the two unstressed vowels final and initial of *te enviaré*. Both possibilities, however, are equally non-Lopean: [420]

       te/enviaré/a dos cristianos   (512b)

Día, with a tonic weak vowel and an atonic strong vowel, normally is with azeuxis. In this verse it is a monosyllable: [421]

       y ningún día por nosotros   (498b)

Fiel, which is a monosyllable only once in Lope's autographs, is used as a monosyllable once in this *comedia*: [422]

       te seré muy fiel amigo   (503b)

In the autograph in which the word is with a diphtong, it is in a pretonic position within the verses as it appears in this verse.

In the following verse either *crueldad* is a trisyllabic word or there is hiatus between two unstressed vowels: [423]

       y su/enorme crueldad   (490b)

Poesse reports no instances of *crueldad* with dieresis, and Morley reports only one. [424]

---

[420] *Ibid.*, pp. 21, 39, 40, 73, 67.
[421] *Ibid.*, p. 49.
[422] *Ibid.*, pp. 140, 143.
[423] *Ibid.*, p. 67.
[424] *Ibid.*, p. 21; Morley, "Ortología...," p. 529.

Juicio appears five times as a bisyllable; Lope's preference is dieresis in the word: [425]

adonde su juicio entable	(495a)
Sin que un punto en juicio esté	(496a)
Sin juicio, y al Rey sin él	(500a)
tu juicio y es menester	(505a)
como mi juicio estragó	(509b)

León occurs only once as a monosyllable in Poesse's study. This one instance is at the end of the verse.[426] In the next verse *león* must be monosyllabic within the verse:

como fiero león sañudo (490b)

Poesse finds that words with the diphthong *-ua*, other than *aquario* and *axuar*, normally do not contain dieresis. In the following verse *manuales* would be contrary to Lope's practice:[427]

razones son manuales (498a)

Real and *ruido* both occur contrary to Lope's usual practice; *real* as a monosyllable, and *ruido* with diphthong:[428]

aun mancha real en su honor	(483b)
En la antecámara ruido	(494b)

Poesse reports twenty-one examples of bisyllabic *vea* and seven of bisyllabic *vean* and only one example of each as a monosyllable.[429] Lope's preference is definitely for azeuxis in these verb forms. In this play there is one example of each as a monosyllable:

porque no vea deshonrarme	(483b)
y a los dos nos vean acá	(509a)

---

[425] Cf. Poesse, p. 46; Morley, "Ortología...," p. 529.
[426] Cf. Poesse, pp. 27, 30, 31.
[427] *Ibid.*, p. 39.
[428] Cf. Poesse, pp. 27, 29, 30, 50; Morley, "Ortología...," p. 529.
[429] Cf. Poesse, pp. 23, 25.

Creo, creí, and *cree,* which always appear as bisyllabic words in Lope's autographs,[430] must be monosyllabic in the following verses or the syllable count is incorrect:

que creo que en moviendo el pie	(495b)
se fué. Y cómo lo creí yo	(505b)
¡Oh, señora! Cree de mí	(490a)

Confío with diphthong is unusual in Lope.[431] Here it must occur:

que no me confío de mí	(503b)

Do is used twice for *donde*:[432]

¿Dó me lleváis, engañados	(495a)
herirme por do intentó	(502b)

Quiés, the "forma vulgar inusitada en las obras de Lope,"[433] as Menéndez y Pelayo says, is employed frequently:

no me lo niegues si quiés	(489a)
de ese Dios que quiés negar	(498a)
(Abenzar, ¿quiés que delante.	(500b)
¿Quiés que nos hagan matar?	(500b)
y si quiés por rey te quedes	(501a)

Asina, which is rare in authentic Lope material, is used once in the following verse:[434]

para que asina te atrevas	(508b)

---

[430] *Ibid.,* pp. 23, 32.
[431] *Ibid.,* pp. 37, 38.
[432] Cf. Fichter, "Orthoepy...," pp. 152-153, n. 10.
[433] *Acad.,* XII, 283a, n. 1. In one instance the *Acad. N.* test has corrected the MS. The text reports the following verse:

¿Nos quieres alborotar?	(506a)

The MS. begins the verse with *que.* The only way in which the syllable count could be correct in the MS. is by reading *quieres* as *quiés.* Cf. MS. fol. 168, verso.

[434] Cf. Arjona, "Ten Plays...," p. 330.

LA VENGANZA PIADOSA

Certain elements in the rhyming practices in *La venganza piadosa* indicate a playwright other than Lope. There are twenty-five strophes in which consonance and assonance are employed: [435]

(Redondilla, -o)
De manera, que el favor
con que el Rey me levantó
sea instrumento a que yo
venga a quitalle su honor.   (481b-482a)

(Redondilla, -e, -a)
¿Qué sangre tienen mis venas
que de traidores descienda?
¿Qué inclinación o qué prenda
que no descienda de buenas?   (482a)

(Redondilla, -e, -e)
¡Ah, si pudiera vencerme
para hacerte dar la muerte!
Mas, ¡ay!, que es mi amor más fuerte
que cuanto puede ofenderme.   (485b)

(Redondilla, -e, -o)
La boca le tapad luego,
que no hay de que hacer estruendo,
que está Mahoma durmiendo
y no escucha vuestro ruego.   (486b)

(Redondilla, -e, -a)
Por tu causa me destierras,
justificada sentencia,
que haga yo la penitencia
de lo mismo que tú yerras.   (486b)

(Quintilla, -e, -o)
Abenzar, el pensamiento
de uno y otro movimiento
anda ofuscado y revuelto
y en mil venganzas envuelto
de uno y otro pensamiento.   (489a)

(Redondilla, -e, -o)
¡Oh, amigo!, que tú en mi pecho

---
[435] Cf. Arjona, "Defective Rhymes...," p. 127.

tendrás el debido asiento,
y ese hombre en mi aposento,
aunque fuera más estrecho. (492a)

(*Redondilla, -a, -o*)
Y a todos los renegados
que en Argel hubiere mando
que se pregone este bando,
que de oficios sean privados (498b)

(*Redondilla, -o*)
El Rey, con mucha ocasión,
a lo que imagino yo,
esas cosas proveyó,
no hay que pedirle razón. (499a)

(*Redondilla, -a, -o*)
Manda azotar renegados,
manda libertar cristianos
y que les hinchen las manos
de los tesoros guardados. (499b)

(*Redondilla, -a, -o*)
a que quedasen fundados
en dos fundamentos llanos,
que fué: rescatar cristianos
y castigar renegados. (500a-b)

(*Redondilla, -a, -o*)
Si les parece que mando
algo desproporcionado,
[es] el vestido prestado
y ya me lo voy quitando (500b)

(*Redondilla, -a, -o*)
prosigue con tus engaños
¡Alto! Quieres acaballo.
¿A mi padre he de negallo
dando tanto a los cristianos? (501b)[436]

(*Redondilla, -o, a*)
Y como, en fin, es la mora

---

[436] This strophe has a defective rhyme as the editor notes in *Acad. N.*, I, 501b, n. 1. *Engaños* and *cristianos* are in assonance rather than consonance as a *redondilla* should have.

tan gallarda y bella moza
y a cada paso retoza
con el perrazo que adora (501b)

(Redondilla, -e, -o)
El nunca se ha descompuesto
para caso torpe o feo;
pero muéstrame un deseo
amoroso y deshonesto. (502a)

(Redondilla, -e, -o)
Señores moros, yo veo
que he sido culpado en esto;
pero ¡por Dios! que eché el resto
en resistir mi deseo (503a)

(Redondilla, -a, -a)
Ella ha sido tan honrada,
que saltó como una cabra,
y yo les doy mi palabra
de jamás decille nada. (503a-b)

(Redondilla, -a)
ni lo tengo de aceptar,
que donde Angulema está,
que es un traslado de Alá,
no tenéis más que buscar. (504b)

(Redondilla, -e, -e)
Aprueba lo que dijeren
y háblales blandamente,
que tu hermana está presente
a todo lo que / hicieren. (505a)[437]

(Redondilla, -e, -a)
Ello es, sin duda, planeta
que reina en aquesta tierra
Del cielo viene la guerra,
que no es la causa secreta. (505a)

(Redondilla, -e, -e)
De que a cada cual nos duele
esta desdicha, de suerte,

---

[437] This passage is also marred by an aspirate h- in an atonic syllable.

> que más queremos la muerte
> antes que el reino se asuele. (505b)
>
> (*Redondilla, -a*)
> que luego que estéis allá
> con Mahoma intercedáis.
> Ven, Abenzar.
>   (¿Donde vais?)
> (A dormir con el Bajá.) (508b)
>
> (*Redondilla, -i, -a*)
> Vamos, que la rogativa
> debe de ir a la mezquita.
> Aunque su ofrenda bendita
> veré yo en mis brazos viva. (509a)
>
> (*Redondilla, -a, -o*)
> No mires a mi pecado
> profeta divino y santo,
> sino a mi dolor y llanto,
> que con sangre lo he llorado. (509b)
>
> (*Redondilla, -a, -e*)
> No tienes de qué espantarte,
> porque de divinidades
> no admiran dificultades.
> Escucha, Rey, a una parte. (511b)

There are numerous instances in which the final -*d* of the imperative is dropped. In some cases this is for the syllable count of the rhyme scheme: [438]

> que se quisieren tornar
> a sus tierras, desde aquí,
> que yo he mandado, decí,
> que los dejen embarcar. (497a)
>
> Forzaos y dismulá,
> no se dañe nuestro intento.
> Idos, no os busquen a tiento
> y a los dos nos vean acá. (509a)

---

[438] Cf. Arjona, "Did Lope ... *El lacayo fingido*," p. 52, and *Acad. N.*, V, xxii.

LA VENGANZA PIADOSA

    Vos, Infanta, llegá y dadme   (511a)[439]
    [y] tené [d] esperanza en mí   (489b)
    Decí: ¿es verdad este cuento?   (512b)

In other cases the loss of the final -*d* is not mandatory for the verse, but either the scribe or the playwright insisted on doing so. Since, however, the loss is mandatory in the above examples and there are verses in the manuscript in which the loss is mandatory but the final -*d* is present, it is safe to assume that it was the playwright and not the scribe:

    y escuchá también vosotros   (485a)
    Entrá, villana ahí   (486b)[440]
    Entrá, que sois arrojada   (486b)
    Decí, torpes, ¿quién os muestra?   (497b)

The following enjambements in *La venganza piadosa* are never found in authentic Lope texts:

    No, por el delito no
    la pretendo castigar.   (491a)[441]

    Mejor será, ingrato, que
    consideres tanto amor.   (491a)[442]

The following strophe appears in the manuscript but is omitted in the *Academia* text. Apparently Cotarelo y Mori found the language questionable:

    porque me fingio dormido
    y saca la perra puta
    una pierna disoluta
    que me saca de sentido.   (MS. fol. 163, col. b)

---

[439] This verse has *llegá* with the final -*d*. The modern editor has corrected this because the syllable count would be incorrect without the loss of final -*d* and synalepha between *llega* and *y*. MS. fol. 175, recto.

[440] This verse is defective in addition to the loss of final -*d*. It is one syllable too short unless hiatus occurs between the final unstressed vowel of *villana* and the initial unstressed vowel of *ahí*. Cf. Poesse, p. 67.

[441] Cf. Arjona, "Two Plays...," p. 390.

[442] Cf. Arjona, "Ten Plays...," p. 334.

There are other defects in the *comedia* which the editor does not note. These are defects which are seen in Lope's autographs, but he avoided them usually.[443] The following is a stray verse which appears between two *redondillas* and in no way corresponds to the rhyme scheme:

¡Ay! Ya le va dejando el mal.   (488a)

The verse is also one syllable too long.

The following verses are either too long or too short for the strophic pattern. The first should be hendecasyllabic. The second could possibly be hendecasyllabic if there were dieresis in the word *pues*. This, however, would be quite non-Lopean.

por que éste sirva de testigo   (493a)
Considera, pues, el gran profeta   (511a)

There is one instance in which assonance is used for consonance in the rhyme scheme:[444]

que a unas manos has venido
y a un pecho tan noble y llano,
que te tendrá por hermano.
Tan nobles manos bendigo.   (488a)

The ending of the play has a strange strophic pattern, which seems to indicate that some verses are missing or one extra one has been added. The play closes in *redondillas* until the final six verses which are octosyllabic with the following rhyme scheme: AABBAA:[445]

(Paso, que es negocio grave.)
(¿Eres del alma la llave
y temes? Necio has andado.)
Quédese el Rey engañado
y nuestra industria [se] alabe,
con que la comedia acabe.   (512b)

---

[443] Cf. Arjona, "Defective Rhymes...".
[444] *Ibid.*, pp. 126-127.
[445] Morley and Bruerton, *Chronology*, p. 352, say that the play ends in *quintilla*. It this is true, there is an extra verse.

BERNARDO DEL CARPIO

Bernardo del Carpio, which was published in the *Obras de Lope* by Cotarelo y Mori,[446] exists in a *suelta* in the British Museum.[447] As the editor notes, this copy "parece edición madrileña de fines del siglo XVII, sin otras señas de tiempo ni oficina tipográfica."[448] His opinion is that the play is Lope's but has suffered changes:

> Lo tardío de esta edición, aunque reproducción de otra anterior, deja presumir que no estará exenta de interpolaciones, de las cuales hemos señalado algunas en el texto, al advertir evidentes incongruencias o descuidos del refundidor.[449]

These non-Lopean elements in the *comedia* are left to other critics to find and point out:

> La crítica detenida podrá, quizás, algún día especificar lo que haya quedado de Lope en esta comedia. El acto segundo parece ser el que menos ha padecido.[450]

Morley and Bruerton have found the versification unlike any other Lope play because of a long passage of *silva de consonantes* (aAbBcCdD of verses of seven- and eleven- syllables,) and conclude

---

[446] *Acad. N.*, III, xxvi-xxviii, and 645-679.
[447] This *suelta*, which was to be used in this study of the *comedia*, unfortunately did not arrive from the British Museum due to complications in locating it. The *Academia* edition, therefore, has been used with reservations keeping in mind that Cotarelo y Mori often makes changes without noting them when transcribing a *comedia* from the original to his editions.
[448] *Acad., N.*, III, xxvii.
[449] *Ibid.*
[450] *Ibid.*, p. xxviii.

that "if originally by Lope, it has been at least in part recast ... the text as it stands is not Lope's." [451]

The orthoepy and certain elements in the rhyme patterns cast even more doubt on the authenticity of the play in the form in which it is preserved.

The following verses, which should be octosyllabic, are one syllable too short unless there is an aspirate *h-* in the atonic position: [452]

> Respóndeme. Si / haré (652a)
> para / hablar sin temor (656a)
> a / huír en confusión (659a)
> por semejante /hazaña (677b)

This eleven-syllable verse requires the same type of hiatus:

> mi discreto / hablar con buen lenguaje? (672b)

In the following octosyllabic verses there is either an aspirate *h-* in the atonic position and the resulting hiatus, or there is hiatus between two unstressed vowels, or in the case of the second and third verses, hiatus between a final tonic wovel and an initial atonic vowel: [453]

> Entre sí / está / hablando (646b) [454]
> ¡Entre sí / hablando / está (646b)
> Dejalle /hablar fué / error (661b)
> a / hacer mi / intento vano (664b)
> ¡Pues, vete! / Harélo / ansí (666b)
> es la /hacienda, / y no más (676b)

This eleven-syllable verse requires the same:

> ¡Vieras allí lo que / Ordoño / hiciera (672b)

---

[451] *Chronology*, p. 260.
[452] Cf. Poesse, pp. 67-77; Morley, "Ortología...," p. 538.
[453] Cf. Poesse, pp. 67, 73.
[454] This verse is defective in that it must contain hiatus between *si* and *esta*. Cf. Poesse, p. 73.

The following verse requires hiatus before *hermana*. Hiatus before this word is equally rare as aspirate *h-* in atonic position in Lope's *comedias*: [455]

        Pues tu / hermana / es mi madre   (659b)

Hiatus before *hasta* as it occurs in this verse is non-Lopean: [456]

        La mía / hasta saber   (664a)

Hiatus must occur before *has* in the first of the following two verses, and it must occur before *has* in the second verse or there is hiatus between *si* and *ese* or the *h-* of *hacer* is aspirate: [457]

        Y pues noble / has nacido   (657a)
        si / esa prueba / has de / hacer   (664b)

There are other instances of non-Lopean hiatus in the drama. In the following verses there must occur hiatus between two unstressed vowels: [458]

        Y yo también Si / así   (656b)
        ciudad, villa, ni /aldea   (659a)
        fué por la / opresión fuerte   (661b)
        seguiremos. Y / a todas   (663b)
        Y / a llamarle / envío, porque quiero   (663b)
        Loco / es quien eso piensa   (664b)

In the next five verses there must occur hiatus between two unstressed vowels, or between a final vowel stressed and initial unstressed: [459]

        quedó, / y si más repite   (648a)
        vendrá / un don Durandarte   (661a)
        Bernardo. Ya / está / en tierra   (669b)

---

[455] Poesse, p. 62.
[456] *Ibid.*, p. 77.
[457] *Ibid.*, p. 79.
[458] Cf. Poesse, p. 67.
[459] *Ibid.*, pp. 67, 73.

172   OBJECTIVE METHODS FOR TESTING AUTHENTICITY...

>   vuestra será / o perderé la vida   (670b)
>   que si / uní / a Castilla   (663b)

The treatment of the individual word in the *comedia* differs from Lope's treatment in the autographed *comedias*. There are, in addition to orthoepic differences, certain words which rarely appear in authentic Lope texts, such as *felice* and *do*.

Poesse finds no examples of *crueldad* with dieresis; Morley reports only one example.[460] In this *comedia* there is one example of the word as a trisyllable:

>   Dar fin a tu crueldad   (653a)

There are no examples of *lealtad* with azeuxis in Lope's autographs.[461] Here the word appears twice as a trisyllabic word:

>   ¿Sabes tú mi lealtad?   (650b)
>   es eso su lealtad   (645a)

Poesse finds the word *Santiago* always with a diphthong.[462] In the three following verses there must occur dieresis in the word:

>   ¡cierra, España, Santiago!   (656b)
>   ¡Santiago! Ya comienza   (669b)
>   ¡Santiago, y a ellos!   (672a)

Syneresis in the imperative of *-ir* verbs with the enclictic *-os* affixed is rare in Lope:[463]

>   preveníos del desafío   (649b)

Syneresis in the conditional ending of the verb *entrarían*[464] is as equally rare as the word *león* as a monosyllable.[465] In these two verses from the play, both words occur contrary to Lope's usual practice:

---

[460] Cf. Poesse, p. 21; Morley "Ortología...," p. 529.
[461] Cf. Poesse, p. 19.
[462] *Ibid.*, pp. 39, 40.
[463] *Ibid.*, p. 37.
[464] *Ibid.*, pp. 35, 38.
[465] *Ibid.*, pp. 27, 30, 31.

Entrarían en la ciudad (669a)
[a] Aviñón, a León de Francia (678b)

Diphthong is the rule in words with -ue- from the Latin ŏ.[466] *Puede*, which would always appear with diphthong in Lope, is with dieresis in this verse:

que faltarte no püede (660a)

Do for *donde*,[467] *quiés* for *quieres*,[468] and *felice*[469] with the paragogic final -e are all rare in Lope's authentic words. They appear here numerous times:

do mi padre me dejó (668a)
Si voy a verle do está (660a)
do Toledos no asistan (673b)
de la clausura do estaba (677a)
mintiendo quiés divertirme (646a)
si no quiés verme enojado (666b)
hacer felice mi suerte (674a)

There are thirteen examples of the mixture of consonance and assonance within the same strophe. The most this occurs in any autograph in twice:[470]

(*Redondilla, -a, -o*)
El me trató de borracho.
¡Mi enojo resisto en vano!
¡Eres, español, marrano!
¡Eres, francés, un gabacho! (647b)

(*Redondilla, -e, -a*)
que su Santidad afuera
viene ya, a daros audiencia.
Sólo pudo su presencia
evitar que aquéste muera. (647a-b)

---

[466] *Ibid.*, p. 39.
[467] Fichter, "Orthoepy....," pp. 152-153, n. 10.
[468] *Acad.*, XII, 283a, n. 1.
[469] Arjona, "Ten Plays...," p. 323.
[470] Cf. Arjona, "Defective Rhymes...," p. 127.

(*Redondilla*, -*e*, -*a*)
Tú, con tu valor, intentas
usurparle mucha tierra,
moviéndole al mundo guerra,
causando muertes violentas;   (651b)

(*Redondilla*, -*a*, -*o*)
¡Para darte muerte aguardo,
y ha de ser entre mis brazos!
¡Entre los suyos pedazos
hoy te piensa hacer Bernardo!   (653a)

(*Redondilla*, -*a*, -*o*)
llorando el Moro su estrago,
en que me mostré gallardo,
que tiembla de oír ¡Bernardo!,
¡cierra, España, Santiago!   (656b)

(*Lira*, -*e*, -*o*)
Y a llamarle envío, porque quiero
darle a su padre preso,
que es ya rigor, confieso,
la detención. Quietar mis reinos quiero   (663b)

(*Redondilla*, -*o*)
Agradecido, envió
de aquesta bizarra acción
al rey Alfonso a León
Carlos, a quien sirvo yo   (665a)

(*Redondilla*, -*i*, -*o*)
Quiero enseñarte el camino,
pues dices que lo has perdido.
(¡Raro valor escogido!)
(¡Es tu esfuerzo peregrino!)   (666a)

(*Redondilla*, -*e*, -*e*)
en quererle de repente,
aunque amor todo lo puede,
que, niño, en fuerzas excede
al gigante más valiente.   (666b)

(*Redondilla*, -*e*, -*o*)
Y si no he tenido ciego
el sentido, a lo que entiendo,
el primero llamó Mendo,
otro Illán y el otro Diego.   (674a)

(*Redondilla, -e, -a*)
que como andamos de guerra,
cualquier rumor nos altera.
(Fuerza es disimule y muera.)
(Aquí mi deseo entierra   (647b)

(*Redondilla, -a, -a*)
para que a París me parta,
porque es allí mi jornada,
que llevo cierta embajada,
y aqueso de vos me aparta;   (675b)

The use of assonantal rhyme in strophes requiring consonantal rhyme is a defect which Lope avoided.[471] In the following strophes the rhyme schemes are affected by this defect:

(*Redondilla*)
¿Qué he de hacer? Entrambas *riñen*.
¡No pase más adelante!
Quiero meter el montante,
como hacen cuando *esgrimen*.   (674b)

(*Redondilla*)
Y así, del Rey y del *reino*
vengo con esta embajada
por evitar que la espada,
por vía de buen *gobierno*   (646a)

Arjona has noted that "Lope never used hendecasyllabic *agudo* verses except in sonnets."[472] In *Bernardo del Carpio* there are two hendecasyllabic *agudo* verses which are not in sonnets:

Y tú manco, diré viéndote yo
Mal haya el alma, amén que te mancó   (672a)

There are three instances in which the final *-d* of the imperative is dropped.[473] One instance involves the rhyme scheme, one the syllable count of the verse, and one is unnecessary:

---

[471] *Ibid.*, pp. 126-127.
[472] Cf. Arjona, "False Andalusian Rhymes...," p. 297.
[473] Cf. *Acad. N.*, V, xxii.

> que a darte favor me obligo,
> si no te apartas de mí.)
> Adiós, Bernardo. — Vení,
> Ramiro y Flor.
>   Ah, enemigo!   (660a)
>
> ¡Tocá apriesa, apriesa, apriesa!   (668b)
>
> ¿Flor? ¿Elvira? Perdoná   (663b)

In addition to the defective verses indicated by the *Academia* editor, the following must be included. These verses are one syllable too short:

> ¿qué intentas? Sentarme   (647b-648a)
> de ti? Decid, flores   (668a)
> (¡Ya muero! Terrible desvarío)   (670b)
> ¿Eres Marte, que del quinto cielo   (671a)
> estando yo, que en adoraros   (672b)
> soy. Pues ¿qué pretendes?   (672b)

This verse is one syllable too long:

> En la primera hoja con mi oficio ha dado   (672b)

CONCLUSIONS

The accumulation of non-Lopean elements revealed in the study of these ten *comedias* provide sufficient evidence for rejecting the plays from a canon of the dramatist's authentic works. The examination of these plays, and their rejection, justifies Lope's frequent complaints against the abuses he suffered at the hands of theatrical managers and unscrupulous poets who did not hesitate to use his name because of his reputation as Spain's most popular dramatist and best-seller in the box office:

> on account of the reputation you have in this capital, the theatrical managers, when they have any *comedia* whatever with the autor of which they are not satisfied, adorn their placards with your name, and since most of these *comedias* being written by some ignorant fellow, are detestable you would lose much reputation among those who know, if the injury and its discovery did not reach those who esteem you at the same time.[1]

If any of the *comedias* studied in this thesis were originally written by Lope, they have, as the playwright would say, "run the gauntlet of the villages, servants, and men who live by stealing them and adding to them,"[2] and in the form in which they are today preserved are "so disfigured as to be scarcely recognizeable"[3] as his work.

---

[1] Hugo A. Rennert, *The Spanish Stage in the Time of Lope de Vega*, New York, 1963, p. 174.
[2] *Ibid.*
[3] *Ibid.*

The following is a resumé of the most noticeable non-Lopean elements in the plays studied, those elements that provide sufficient evidence for the rejection of the comedias as being by Lope de Vega.

Alejandro el segundo, often referred to as an autographed or partially autographed comedia in the bibliographies of Lope's works, in reality contains only four marginal verses which could possibly be in the playwright's own handwriting. Both the study of the strophic patterns and the orthoepy of the play prove that the work is not Lope's in the form in which it has survived over the centuries. In the internal line-structure of the verse the most noticeable non-Lopean element is the almost systematic occurrence of aspirate *h-* in an atonic position. The treatment of the individual word also reveals divergences from Lope's usual orthoepic preferences. The rhyme patterns contain non-Lopean traits in that there are examples of the use of consonance and assonance within the same strophe, and there are instances in which consonantal rhyme is employed in *romance* passages. The rhyme patterns, however, offer very little in comparison to the orthoepy.

Los contrarios de amor differs from Lope's authentic works with an abundance of verses in which the aspirate *h-* in the atonic position appears, numerous verses in which other non-Lopean hiatus occurs, and an excessive number of autorhymes. As with *Alejandro el segundo,* the study of the strophic patterns and the study of the orthoepy and rhyme practices concur in rejecting the *comedia* as being Lope's.

El prodigioso príncipe transilvano, attributed to both Lope and Vélez de Guevara, differs from both playwrights' autographed *comedias* in the orthoepy. There is little in the way of unusual hiatus which would exclude Lope or Vélez as the author. In the treatment of the individual word, however, there is sufficient evidence for rejecting the play from a canon of either dramatist's works. The twenty-six strophes in which both consonance and assonance are employed, the eighty-six autorhymes, the presence of false Andalusian rhymes, and the number of times that consonance is employed for assonance in *romance* passages offer addi-

CONCLUSIONS 179

tional evidence for the rejecting the play as being by Lope. The strophic patterns, as Morley and Bruerton indicate, differ from Lope's authentic works also.

Santo Angelo, although believed to be the same as *San Angel, carmelita* which Lope mentions in his Peregrino list, cannot be his in the form in which it is today preserved. Keeping in mind the extremely defective manuscript, the orthoepy and the rhyme patterns still tend to indicate a hand other than Lope's. There is a systematic occurrence of aspirate *h-* in an atonic position, an excessive number of cases of the mixture of consonance and assonance, and the presence of false Andalusian rhymes. Morley and Bruerton accept the play only with reservations.

El rey fingido y amores de Sancha, rejected early by Rennert because of the poverty of the versification and later by Morley and Bruerton on the basis the strophic patterns, bears little resemblance to Lope's orthoepic and rhyme practices. Aspirate *h-* in the atonic position occurs systematically throughout the play with many other examples of non-Lopean hiatus. The treatment of the individual word itself provides sufficient evidence for denying the *comedia* a place among Lope's dramatic works. The forty-five examples of the mixture of consonance and assonance, the one hundred and sixty-six autorhymes, and the ten false Andalusian rhymes are all contrary to Lope's practices.

El rey por trueque, rejected on the basis of subjective impressions by Cotarelo y Mori when he edited it for the *Academia* and later rejected by Morley and Bruerton after their objective analysis of the strophic patterns, contains sufficient non-Lopean elements in both the orthoepy and the rhyme patterns for questioning even more the authenticity of the work. There are numerous examples of aspirate *h-* in the atonic position, many examples of individual words treated in a non-Lopean manner, and the presence of false Andalusian rhymes and the mixture of consonance and assonance.

El toledano vengado is marred by many cases of aspirate *h-* in the atonic position, hiatus within the verse between two unstressed syllables, individual words which do not correspond to Lope's usual orthoepic treatment, and the use of many forms such as *do* and *vido* which rarely appear in his authentic works. The rhyme patterns show differences from the playwright's preferences with twelve strophes containing both consonance and assonance. In the case of this play, orthoepy and a study of the rhyme patterns do not agree with Morley and Bruerton's opinion that the play "was probably written by Lope." It must be remembered, however, that the various objective methods for testing the authenticity of a *comedia* serve as a check for each other. Where one fails, the other may reveal clearly that a certain *comedia* is not by Lope.

El valiente Juan de Heredia, in addition to evidence based on the internal line-structure of the verse (the appearance of aspirate *h*-), numerous variations from Lope's usual orthoepic preferences in the treatment of the individual word, namely *juicio*, contains two other elements which are not characteristic of Lope's work. One is the abundance of non-Lopean enjambements, and the other is the treatment of a theme in a manner which Lope would not have done. Homosexuality, as has been indicated in the section dealing with the *comedia*, usually is avoided by Lope. The times it does appear, there is a comic relief with the intervention of the *gracioso*. With this *comedia* there is agreement between both subjective impressions and objective tests that the work is not authentic Lope material.

La venganza piadosa contains many instances of the aspirate *h*- in an atonic position. There are, in addition to this particular type of non-Lopean hiatus, other examples of hiatus employed where Lope would employ synalepha, such as between two unstressed vowels. The treatment of the individual word offers as many divergences from Lope's usual practice as does the treatment of groups of words. Antiquated forms of words, such as *asina* and *quies*, also contribute to the list of non-Lopean elements in the text. The most noticeable non-Lopean element in the rhyme patterns of the *comedia* is the use of consonance and assonance twenty-five times within the same strophe. The evidence accumulated here affirms Morley and Bruerton's opinion that the play most likely is not by Lope.

CONCLUSIONS

Bernardo del Carpio, as Cotarelo y Mori and Morley and Bruerton point out, may have been written by Lope, but the form in which it is preserved is not entirely the work of the playwright. The study of the orthoepy and rhyme patterns of this play indicate more clearly those parts of the work which could not possibly be by Lope. The verses containing aspirate *h-* in the atonic position and the verses containing certain words used contrary to Lope's practices cannot be attributed to Lope. Neither can the thirteen examples of the mixture of consonance and assonance be attributed to the playwright. The play has been, as Morley and Bruerton state, "radically recast."

BIBLIOGRAPHY

Comedias attributed to Lope de Vega studied in this work:

Alejandro el segundo. MS. 16.071. Biblioteca Nacional. Madrid.
Los contrarios de amor. MS. II-462. Biblioteca de Palacio, Madrid.
El prodigioso príncipe transilvano. MS. II-461. Biblioteca de Palacio, Madrid.
Santo Angelo. MS. II-464. Biblioteca de Palacio, Madrid.
El rey fingido y amores de Sancha. MS. II-461. Biblioteca de Palacio, Madrid.
El rey por trueque. MS. 14.928. Biblioteca Nacional, Madrid.
El toledano vengado. MS. 16.901. Biblioteca Nacional, Madrid.
El valiente Juan de Heredia. MS. 14.994. Biblioteca Nacional, Madrid.
La venganza piadosa. MS. II-464. Biblioteca de Palacio, Madrid.
Bernardo del Carpio. Suelta. British Museum.

ARJONA, J. H. "Did Lope de Vega Write 'El lacayo fingido'?" *Studies in Philology*, LI (1954), 42-53.
———. "Did Lope de Vega Write the Extant 'El príncipe melancólico'?" *Hispanic Review*, XXIV (1956), 42-49.
———. "Defective Rhymes and Rhyming Techniques in Lope de Vega's Autograph *Comedias*." *Hispanic Review*, XXIII (1955), 108-28.
———. "False Andalusian Rhymes in Lope de Vega and their Bearing on the Authorship of Doubtful Comedias." *Hispanic Review*, XXIV (1956), 290-305.
———. "Improper Use of Consonantal Rhyme in Lope de Vega and its Significance Concerning the Authorship of Doubtful Plays." *Hispanófila*, No. 16 (1962), 7-39.
———. "Ten Plays Attributed to Lope de Vega." *Hispanic Review*, XXVIII (1960), 319-340.
———. "Two Plays Attributed to Lope de Vega and Guillén de Castro." *Hispanic Review*, XXXIII (1965), 387-394.
———. "The Use of Autorhymes in the XVIIth Century *Comedia*." *Hispanic Review*, XXI (1953), 273-301.
BACON, GEORGE. "The *Comedias* of Doctor Juan Pérez de Montalván." *Revue Hispanique*, XVII (1907), 46-65.
BUCHANAN, MILTON A. *The Chronology of Lope de Vega's Plays.* University of Toronto Studies: Philological Series, No. 6. Toronto, 1922.
CERVANTES, SAAVEDRA, MIGUEL DE. *Don Quijote de la Mancha.* Ed. Martín Riquer. New York, 1958.
CIORANESCU, ALEJANDRO. "El autor del Príncipe transilvano." *Estudios de Literatura española y comparada.* La Laguna (Canarias), Univ. de la Laguna, 1954, 93-113.

CORNEILLE, PIERRE. *Oeuvres.* Tome IV. Paris, 1862.
DÉGANO, ROBLES *Ortología clásica de la lengua castellana.* Madrid, 1905.
ENTRAMBASAGUAS, JOAQUÍN DE. "Proyecto de una edición de las *Obras completas* de Lope de Vega." *Revista de bibliografía nacional,* V (1944), 197-229.
ENTWISTLE, WILLIAM J. *The Spanish Language.* London, 1936.
FICHTER, W. L. "The Chronology of Lope de Vega's *Comedias.*" (Review of the Morley-Bruerton *Chronology*), *Romanic Review,* XXXIII (1942), 201-11.
———. "Orthoepy as an Aid for Establishing a Canon of Lope de Vega's Authentic Plays." *Estudios hispánicos: Homenaje a Archer M. Huntington.* Wellesley, Mass., 1952, 143-53.
GONZÁLEZ DE AMEZÚA, AGUSTÍN. *Una colección manuscrita y desconocida de comedias de Lope de Vega.* Madrid, 1945. Also in *Opúsculos histórico-literarios,* II. Madrid, 1951, 364-417.
LAPESA, RAFAEL. *Historia de la lengua española.* Madrid, 1959.
LEAVITT, STURGIS E. "Spanish *Comedias* as Pot Boilers." *PMLA,* LXXXII (May, 1967), 178-84.
MARÍN, DIEGO. "On the Dramatic Function of Versification in Lope de Vega." *The Theatre Annual,* XIX (1962), 27-42.
———. *Uso y función de la versificación dramática en Lope de Vega. Estudios de Hispanófila,* No. 2. Valencia, 162.
MESONERO ROMANOS, RAMÓN DE. *Dramáticos posteriores a Lope. Biblioteca de autores españoles,* II. Madrid, 1859.
MORENO GARBAYO, JUSTA, AND CONSOLACIÓN MORALES BORRERO. "Obras de Lope de Vega en la Biblioteca de Palacio." *Revista de Archivos, Bibliotecas y Museos,* LXX, 1-2 (1962), 339-92.
MORLEY, S. GRISWOLD. "The Detection of Personality in Literature." *PMLA,* XX (1905), 305-21.
———. "Lope de Vega's *Peregrino* Lists." *Univ. of California Pubs. in Modern Philology,* XIV, No. 5 (1930), 345-66.
———. "Objective Criteria for Judging Authorship and Chronology in the *Comedia.*" *Hispanic Review,* V (1937), 281-85.
———. "Ortología de cinco comedias autógrafas de Lope de Vega." *Estudios eruditos in memoriam de Adolfo Bonilla y San Martín,* I. Madrid, 1927. 525-544.
———. "The Pseudonyms and Literary Disguises of Lope de Vega." *Univ. of California Pubs. in Modern Philology,* XXXIII, No. 5 (1951), 421-84.
———. "Addenda to the *Chronology of Lope de Vega's Comedias.*" Hispanic Review, XV (1947), 49-71.
———, and COURTNEY BRUERTON. *The Chronology of Lope de Vega's Comedias.* London, 1940.
———. "How Many *Comedias* did Lope de Vega Write?". *Hispania,* XIX (1936), 217-234.
PARKER, JACK H., and ARTHUR M. FOX. *Lope de Vega Studies: 1937-1962.* Toronto, 1966.
PAZ Y MELIÀ, JULIÁN. *Catálogo de las piezas de teatro que se conservan en el departamento de manuscritos de la Biblioteca Nacional.* 2 vols. Madrid, 1934-35.
POESSE, WALTER. *The Internal Line-Structure of Twenty-Seven Autograph Plays of Lope de Vega.* Unpub. doct. diss., Univ. of California, Berkeley, 1940.

POESSE, WALTER. *The Internal Line-Structure of Thirty Autograph Plays of Lope de Vega.* Bloomington, Indiana Univ. Press, 1949. (*Indiana Univ. Pubs., Humanities Series*, 18.)

RENNERT, H. A. *The Life of Lope de Vega.* New York, 1937.

———. "Obras de Lope de Vega." (Review of *Acad. N.*, I. *Modern Language Review*, XIII (1918), 113-120.

———. *The Spanish Stage in the Time of Lope de Vega.* New York, 1963.

SCHEVILL, RUDOLPH. *The Dramatic Art of Lope de Vega together with La dama boba.* Berkeley, 1918.

SILVERMAN, JOSEPH H. "La cronología del teatro de Lope." *Insula*, XII, No. 126 (1957), 5.

SPENCER, FOREST EUGENE, and RUDOLPH SCHEVILL. *The Dramatic Works of Luis Vélez de Guevara. Univ. of California Pubs. in Modern Philology*, XIX (1937).

TYLER, RICHARD. "Pecado nefando y pecado elefante." *Homenaje al Prof. Rodríguez-Moñino*, II, Madrid, 1966, 289-91.

VEGA CARPIO, FÉLIX LOPE DE. *Arte nuevo de hacer comedias en este tiempo dirigido a la Academia de Madrid. Bulletin of Spanish Studies Monograph Series*, reprint No. 2 (1935).

———. *Comedias escogidas. Biblioteca de autores españoles.* Madrid, 1853-60. Vols. 24, 34, 41, 42.

———. *La Dorotea.* Ed. Edwin S. Morby. Berkeley and Los Angeles, 1958.

———. *Obras completas de Lope de Vega*, publicadas por la Real Academia Española. Ed. Marcelino Menéndez y Pelayo. Madrid, 1890-1913, 15 vols.

———. *Obras de Lope de Vega*, publicadas por la Real Academia Española. Ed. Emilio Cotarelo y Mori, et. al. Madrid, 1916-30, 13 vols.

WADE, GERALD E. "The Orthoepy of the Holographic *Comedias* of Tirso de Molina." *PMLA*, LV (1940), 93-1009.

———. "The Orthoepy of the Holographic *Comedias* of Vélez de Guevara." *Hispanic Review*, IX (1941), 459-81.

WILSON, WILLAM E. "The Orthoepy of Certain Words in the Plays of Guillén de Castro." *Hispanic Review*, XXI (1953), 146-50.

The Department of Romance Studies Digital Arts and Collaboration Lab at the University of North Carolina at Chapel Hill is proud to support the digitization of the North Carolina Studies in the Romance Languages and Literatures series.

www.ingramcontent.com/pod-product-compliance
Lightning Source LLC
Chambersburg PA
CBHW022022220426
43663CB00007B/1183